세계 축구
명장의 전술

인생, 철학부터

리더십과 전술

분석까지 |

니시베 겐지 지음
홍재민 옮김

라의눈

시작하며

경기를 뛰는 사람은 선수이지 감독이 아니다. 축구는 플레이가 멈추지 않기 때문에 감독의 지시를 즉시 실행할 수 있는 종목이 아니다. 선수가 현장에서 내리는 판단으로 뛰는 것이 축구의 본질이다. 그런데도 의외로 축구팀에는 감독의 색깔이 뚜렷이 드러난다. 그런 팀일수록 전력이 강한 경향도 있다. 사실 실전에 들어갈 때까지의 준비가 감독이 하는 일의 거의 전부다. 실전에서 어떻게 뛰어야 할지를 지도하고 그 내용이 잘 녹아 있는 팀이 강하다는 뜻일 수도 있다. 선수가 판단하지만, 그 판단의 배경에 감독이 영향을 미치는 셈이다.

전술이란 이기기 위한 방법인데 어떤 선수를 갖고 있느냐에 따라 제한을 받는다. 그런 점에서는 선수가 하기 나름이라고도 할 수 있다. 그러나 경기에서 감독의 색깔은 신기할 정도로 뚜렷이 드러난다. 감독의 전술 스타일도 각양각색이다. 감독마다 '해보고 싶은 축구'가 있기 때문에 이상할 것 없는 현상이다. 필승 전법은 따로 존재하지 않는다. 따라서 결국 감독이 무엇을 하고 싶은지에 따라서 전술이 결정된다. 프로축구 감독이란 이겨야 하는 직업이다. '어떻게 이길 것인가'에 대한 감독의 판단이 바로 축구 철학이다.

감독의 축구 철학이 다양하다 해도, 몇 가지 타입으로 분류하는 것은 가능하다. 이 책에서는 현대 축구 감독을 네 가지 타입으로 나눠 보았다. 이미 은퇴했지만 큰 업적을 남긴 감독도 포함했다. 감독들이 지도했던 대표적 팀과 전술의 특징에 관해 알기 쉬운 해석을 달았다.

아무튼 감독의 축구 철학은 팀이 경기를 풀어나가는 데 지대한 영향을 미친다. 사전에 이러한 포인트를 알아두면 경기 관전이 더 흥미로워진다.

Chapter4 아방가르드 계열

Chapter5 레전드 계열

칼럼 전략가 라이브러리

CHAPTER 1

토탈사커 계열

Total Footboal

1974년 월드컵에서 준우승한 네덜란드 전술의 대명사가 토탈사커다.
화려한 패스워크와 전방에서부터의 거친 압박을 세트로 하는 위력적 플레이스타일을 말
하는데, 이러한 콘셉트는 지금까지 이어지고 있다.
원조 핵심 인물이라고 할 수 있는 요한 크루이프와 그의 제자들이 지금도 활약하고 있다.

호셉
과르디올라

크루이프가 현대 축구의 기초를 닦았다.
그것을 발전시키고 현대화하는 것이
뒤를 잇는 지도자들의
역할이다

국 적	🇪🇸 스페인	애 칭	펩
생년월일	1971년 1월 18일		
유형	☑ 열정형 ☑ 온화형 ☑ 냉정형 ☑ 이론형		

지도 경력	2007~2008 🇪🇸 바로셀로나B
	2008~2012 🇪🇸 바로셀로나
	2013~2016 🇩🇪 바이에른 뮌헨
	2016~ ✚ 맨체스터 시티

주요 우승 기록	라리가(2008~09, 2009~10, 2010~11), 코파델레이(2008~09, 2011~12), 챔피언스리그(2008~09, 2011~12), 클럽월드컵(2009, 2011, 2013), 분데스리가(2013~14, 2014~15, 2015~16), DFB포칼(2013~14, 2015~16), 프리미어리그(2017~18, 2018~19), FA컵(2018~19), EFL컵(2017~18, 2018~19)

▷ 공격 축구의 정점에 선 천재 감독

현존 최고의 감독을 떠올리면 우선 과르디올라의 이름이 떠오른다. 선두에서 토탈사커의 전통을 계승하고 있기 때문이다. 바르셀로나의 칸테라(하부 팀)에서 성장해, 요한 크루이프 감독의 지도하에 주장으로서 재능을 만개했다. 이후 감독으로 바르셀로나를 이끄는 동안, 그는 크루이프를 라파엘로에 비유했다. 과르디올라 감독 체제에서 최정점에 올라선 바르셀로나 스타일의 기점은 크루이프가 이끌었던 '드림팀'의 전술 설계였다. 과르디올라는 그 위에 색을 입혀 작품을 완성한 라파엘로의 제자임을 자처했다.

크루이프가 만든 스타일에서 좀 더 거슬러 올라가면, 1970년대 아약스가 자리 잡고 있다. 과르디올라가 드림팀의 중심이었던 것처럼 크루이프는 아약스의 슈퍼스타였다. 아약스에서 토탈사커를 창조한 인물은 리누스 미켈스 감독이었다. 이후 미켈스와 크루이프는 바르셀로나에서도 함께한 적이 있다. 즉, 미켈스 감독과 크루이프가 시작한 물줄기가 크루이프 감독과 과르디올라 조합을 거쳐 과르디올라 감독과 리오넬 메시 콤비로 집대성되었다고 할 수 있다.

토탈사커의 특징은 정확한 패스워크에 의한 압도적 볼 점유율과 강력한 전방 압박이다. 쉬지 않고 공격하고, 빼앗긴 볼은 최단 시간 내에 되찾는다. 현재 그런 선순환을 가장 높은 수준으로 재현하는 지도자가 바로 과르디올라 감독이다.

빌드업의 법칙성과
맞춤형 공격 전술

　바르셀로나의 황금시대를 이끌고, 바이에른 뮌헨에서 분데스리가 3연패를 달성한 뒤인 2016년 여름부터 맨체스터 시티를 지도하고 있다. 3개 팀의 특징은 각각 다르지만, 높은 볼 점유율과 압박 전술은 공통이다. 골키퍼부터 패스를 연결하기 시작하는 빌드업이 3개 팀에서 공통적이었으며, 볼 운반 방법에 있어서 명확한 법칙성이 나타난다. 볼을 상대 진영으로 운반한 후의 공략법은 선수의 개성에 맞춰 선택하기 때문에 보유 선수에 따라서 달라졌다. 바르셀로나에서는 메시의 제로톱을 채용했지만, 바이에른은 크로스에 강한 레반도프스키와 뮐러가 있었기에 본격적인 센터포워드를 두고 측면에서 높은 크로스를 올리는 방법을 썼다. 맨시티에서는 바이에른과 같이 뛰어난 윙어를 활용하는 측면 공략을 주로 했는데, 포워드인 아구에로와 제수스의 체구가 작은 탓에 공중 볼보다 낮은 크로스를 구사한다.

　과르디올라는 전형적인 볼 중심 감독이다. 볼을 소유할 때의 포지셔닝이 수비로 전환했을 때 타이트한 전방 압박이 가능한 위치 선정으로 연결된다. 어디까지나 공격을 위한 전술이며 테크닉을 갖춘 선수들로 선발진을 꾸린다. 골키퍼를 활용한 패스워크, 풀백의 볼란치화라는 획기적 발상은 항상 혁신하는 과르디올라 감독의 특징을 잘 보여준다.

대표적 포메이션
맨체스터 시티(2017~18)

맨시티는 과르디올라 축구의 기본형이라 할 수 있다. 4-3-3 전형을 기본으로 한 착실한 빌드업으로 볼을 운반해서 측면을 공략한 뒤에 낮고 빠른 크로스를 득점 패턴으로 삼는다. 트라이앵글을 만들어 볼을 소유하면서, 스털링과 사네처럼 빠른 윙어가 측면 공간을 허물고 골키퍼와 수비수 사이로 얼리 크로스를 시도한다. 또는 풀백이 수비로 전환하는 상대를 역으로 노려 슈팅 기회를 만든다. 볼 점유 능력 면에서는 바르셀로나, 레알 마드리드, 나폴리도 뛰어나지만, 맨시티의 측면 공격력은 독보적이다.

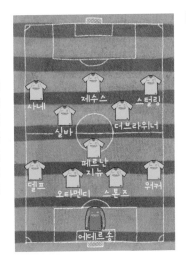

메커니즘

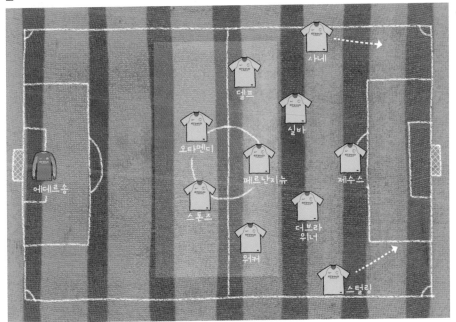

공격 시 풀백이 중앙으로 이동해 볼란치처럼 움직인다. 센터백 2인과 앵커 1인, 풀백이 중앙 영역에 촘촘히 모이면 선수 간 거리가 좁혀져 패스 실수를 최소화하는 동시에 측면으로 벌리는 패스 코스를 만들 수 있다. 상대에게 역습을 당할 때 중앙 영역을 내주지 않겠다는 의도도 있다. 압도적 볼 점유율을 자랑하는 맨시티의 수비 과제는 상대의 역습 시도를 효과적으로 방지하는 것이다. 중앙을 허용하지 않으며 상대의 공격을 측면으로 몰아, 자기편의 수비 전환 시간을 벌 수 있다.

루이스 엔리케

우리가 해야 할 일은
경기력 향상이다.
그것이 우리 힘으로
바꿀 수 있는 부분이다.

국 적	🇪🇸 스페인		애 칭	루초
생년월일	1970년 5월 8일			
유형	☑ 열정형 ☐ 온화형 ☐ 냉정형 ☐ 이론형			
지도 경력	2008~2011 🇪🇸 바르셀로나B			
	2011~2012 🇮🇹 AS로마			
	2013~2014 🇪🇸 셀타 비고			
	2014~2017 🇪🇸 바르셀로나			
	2018~2019 🇪🇸 스페인 국가대표팀			
주요 우승 기록	라리가(2014~15, 2015~16), 코파델레이(2014~15, 2015~16, 2016~17),챔피언스리그 (2014~15), 클럽월드컵(2015)			

▷ MSN 라인을 완성한 바르셀로나 스타일의 계승자

그는 선수 시절 레알 마드리드와 바르셀로나에서 만능형 미드필더로 활약했다. 은퇴 후 트라이애슬론 대회에 참가하는 등, 뼛속까지 운동선수 기질이 넘친다. 2008년 바르셀로나B의 감독으로 복귀했고, AS 로마와 셀타 비고를 거쳐 2014~15시즌부터 바르셀로나의 감독으로 부임했다.

바르셀로나 부임 첫 시즌부터 라리가와 코파델레이, UEFA챔피언스리그를 제패하는 트레블(한 팀이 한 시즌 동안 3개의 주요 대회에서 동시에 우승하는 것-역주)을 달성했다. 경이적 승률 83%를 기록하기도 했다. 해낭 시즌에 메시, 수아레스, 네이마르로 이루어진 MSN 라인을 완성했다. 남미 빅3의 에이스가 구성한 스리톱은 가공할 위력을 발휘했다.

바르셀로나는 과르디올라 시절에 황금기를 맞이했는데, 강력한 외국인 선수를 앞세우는 스타일은 예전부터 내려온 전통이기도 하다. 루이스 엔리케는 펩 시절의 스타일을 기본으로 하면서 구단의 전통으로 회귀했다고 평가할 수 있다.

MSN의 개인기를 살리기 위해 역습을 적극적으로 활용했다. 속공에 의존하면 압박이 먹히지 않을 위험이 생기고 위치 선정과 압박 플레이의 균형이 깨진다. 상대에게 역습을 당할 가능성이 커지지만 서로 맞붙으면 MSN을 보유한 바르셀로나가 유리했다. 과르디올라 스타일에서 벗어나는 것과 동시에 현실적인 요령으로 성과를 남긴 것이다. 과르디올라 수준의 혁신가는 아니지만 바르셀로나 스타일을 계승하는 감독 중 하나다.

루이스 엔리케의 **전술 형태**

메시 의존증을
떨쳐 버리다!

과르디올라 감독 시절 '가짜 9번'으로 뛰었던 메시는 루이스 엔리케 감독 체제에서는 '가짜 7번'이 되었다. 플레이 자체는 달라지지 않았다. 메시의 플레이스타일은 좌우 측면 어디에서나 중앙으로 진입해 상대 골문 쪽을 향한다. 과르디올라와 루이스 엔리케 모두 역대급 재능을 지닌 메시를 활용해서 팀 전체를 어떻게 만들어갈지를 고민했다.

루이스 엔리케 감독은 메시가 수비 부담을 줄이고 자유롭게 공격할 수 있도록 바르셀로나의 전통인 4-3-3 전형을 실질적으로 4-4-2로 바꿨다. 상대 풀백을 막는 윙어 역할까지 주문하면 메시의 공격력이 극대화될 수 없기 때문이다. 공격 시 메시를 최대한 활용하기 위해 수아레스와 함께 전방에 남도록 조치했다. 그 결과, 원래 수비 부담이 적었던 네이마르에게 큰 폭의 운동량이 가해졌다. 라이트백 세르지 로베르토도 측면에서 공간을 만드는 역할과 풀백 본연의 역할인 수비를 병행해야 했다.

천재 공격수를 보유한 탓에 비정상적인 전술을 선택한 것이다. 다행히 루이스 엔리케 감독은 요령껏 활용법을 찾아냈다. 과거의 티키타카(짧은 패스 위주의 전술-역주)에서 벗어나 MSN 각자가 지닌 강점을 살리기에 성공한 셈이다.

대표적 포메이션
바르셀로나(2014~15)

트레블을 달성한 루이스 엔리케 감독의 첫 시즌 포메이션이다. 메시, 수아레스, 네이마르를 최전방에 나란히 세웠다. 수비는 기존의 전방 압박을 유지하면서 상대 역습에는 MSN을 제외한 7명이 수비로 전환했다. 세 사람이 전방에 남아 있어 역습 성공률을 높일 수 있었다. 수비 쪽에 위험 부담이 생기지만 서로 치고받는 양상에서는 MSN이 발군의 결정력으로 상대를 제압할 수 있다는 자신감이 있었다. 메시가 중앙으로 이동하면 라이트백인 다니 아우베스가 측면을 공략하고 미드필더 라키티치가 둘의 밸런스를 지켜주는 위치에 선다. '가짜 7번' 기능이다.

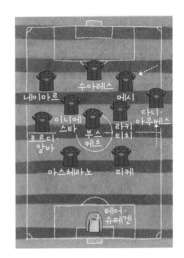

메커니즘

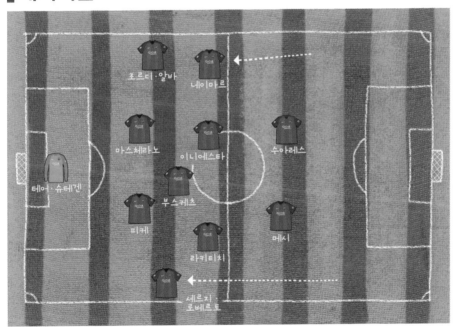

메시가 '가짜 7번'으로 뛰면서 바르셀로나의 숙명인 '메시 의존증'이 심화되었고, 오른쪽 측면을 담당하는 풀백에게 과도한 운동량이 요구되었다. 수비에서는 메시와 수아레스를 전방에 남기는 4-4-2 전형이 되기 때문에 수비 부담이 생긴 네이마르의 득점수가 감소했다. 메시의 능력을 극대화하기 위해서 다른 선수를 희생시키는 방식이었다. 메시가 뛰면 이 시스템이 순조롭게 작동했지만, 결장하거나 상대에게 막히면 리스크가 커졌다.

에르네스토 발베르데

모든 상대가 최적의 전술을
꾸려서 나오지만, 우리는
그들의 약점을 파헤친다.

국 적	🇪🇸 스페인	애 칭	친구리(바스크어로 개미)
생년월일	1964년 2월 9일		
유형	☐ 열정형　☐ 온화형　☑ 냉정형　☐ 이론형		
지도 경력	1997~2000 🇪🇸 아틀레틱 빌바오 수석코치	2009~2010 🇪🇸 비야레알	
	2000~2001 🇪🇸 아틀레틱 빌바오B 수석코치	2010~2012 🇬🇷 올림피아코스	
	2002~2003 🇪🇸 아틀레틱 빌바오B	2012~2013 🇪🇸 발렌시아	
	2003~2005 🇪🇸 아틀레틱 빌바오	2013~2017 🇪🇸 아틀레틱 빌바오	
	2006~2008 🇪🇸 에스파뇰	2017~ 🇪🇸 바르셀로나	
	2008~2009 🇬🇷 올림피아코스		
주요 우승 기록	그리스리그(2008~09, 2010~11, 2011~12), 그리스컵(2008~09, 2011~12), 라리가 (2017~18, 2018~19), 코파델레이(2017~18)		

▷ 메시 시스템의 재구축에 성공

발베르데 감독은 아틀레틱 빌바오 등 많은 구단에서 능력을 발휘한 후, 루이스 엔리케의 후임으로 2017~18시즌부터 바르셀로나를 이끌고 있다. 전임자가 고심했던 메시 시스템의 해체 및 재구축이 그에게 주어진 과제였다. 메시를 중심으로 하면서도 배치에 변화를 준 것이 발베르데다운 모습인데, 이는 풍부한 전술 지식에 기인한 것이다. 바스크 순혈주의를 지향하는 빌바오를 오래 지도하면서 제한된 스쿼드를 활용하기 위해 다양한 전술을 구사한 경험 덕을 봤다. 발베르데가 바르셀로나 선수로 뛰었을 때의 감독이 바로 요한 크루이프다. 현 바르셀로나의 원형을 만든 감독 아래서 뛴 경험은 과르디올라와 동일하다. 빌바오에서 선수와 감독으로 지낸 기간이 더 길지만, 바르셀로나 스타일 또한 터득했다.

발베르데 감독은 메시에게 더 큰 자유를 주었다. 윙이나 센터포워드의 위치에서 메시의 활동 영역인 중앙과 오른쪽으로 이동시키는 것이 아니라, 처음부터 그 위치에 서게 했다. 메시와 수아레스가 전방에 남아 있어 수비 시 4-4-2가 되는 형태는 루이스 엔리케 감독의 흐름을 유지하되 보다 자연스럽게 조정한 것이다. 전통적인 4-3-3이나 3-4-3 전형과 약간 다르지만 플레이스타일은 동일해서, 볼 점유와 압박의 순환을 부활시켰다. 공격 면에서 메시 의존을 부인할 수는 없지만, 빅클럽을 처음 지도하면서 단기간에 팀을 정리하는 능력은 인정할 만하다.

에르네스토
발베르데의
전술 형태

다채로운 용병술이 특징

발베르데 감독의 선수 기용법은 다채롭다. 메시의 능력을 극대화한다는 원칙은 동일해도 한 가지 형태만 고집하지 않는다. 개막 전 슈퍼컵에서는 백3 전술이었지만, 라리가 개막 후엔 백4 전술을 기본으로 했다. 수아레스를 원톱으로, 메시를 그 뒤에 두는 배치를 제외하고, 전반적으로 큰 변화를 주었다.

윙어를 한 명(데울로페우)만 기용하고 풀백인 조르디 알바가 왼쪽 측면을 담당하게 했다. 메시와 파울리뉴를 동시에 공격형 중앙 미드필더로 세우는 4-3-2-1 전형 등, 기존 바르셀로나에서 볼 수 없었던 시스템도 사용했다. 단, 공격 시엔 반드시 누군가가 터치라인 쪽 공간을 활용하도록 했다. 수비로 전환 시엔 수아레스와 메시가 전방에 남아 4-4-2로 방어하는 메커니즘은 동일하다. 트라이앵글 형태로 패스를 돌리는 바르셀로나의 전통도 계승하고 있다.

다양한 시스템을 구사하면서도 전반적으로 공수에는 큰 변화가 없다. 덕분에 꽤 큰 시스템 변화에도 선수들이 혼란스러워하지 않는다. 이 부분이 발베르데 감독의 탁월한 능력이라 해도 좋다. 메시에게 의존하는 공격은 변함없고 메시가 막힐 때 대안도 딱히 없지만, 빅클럽에서 내딛는 첫 출발에 성공한 것은 감독의 공적일 것이다.

대표적 포메이션
바르셀로나(2017~18)

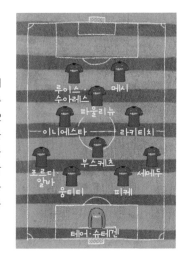

루이스 엔리케의 후임인 발베르데 감독은 메시를 살리기 위해서 포지션을 공격형 중앙 미드필더로 고정했다. 수비할 때도 수아레스와 함께 전방에 남도록 해 수비 부담을 줄여줬다. 4-4-2 수비를 정비했다. 네이마르가 떠났고 수아레스의 컨디션도 올라오지 않는 상황에서 유일하게 믿을 수 있는 메시의 공격력을 극대화하기 위한 대책이었다. 입단 초기 파울리뉴는 팀에 적합하지 않다는 비관론이 많았지만, 공격형 미드필더로 활용하는 혜안이 돋보인다. 전체적으로 파괴력이 떨어져도 리그 수위를 지킨 것은 감독의 결단과 전술적 다양성 덕분이었다.

메커니즘

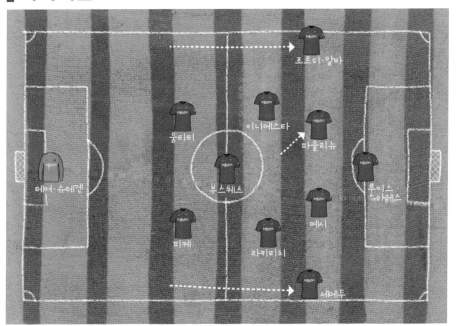

4-3-2-1은 기존 바르셀로나에서 거의 사용하지 않았던 시스템이다. 윙어가 없으므로 양쪽 풀백이 높은 위치까지 전진해 공격의 폭을 넓힌다. 센터백과 앵커인 부스케츠가 후방에서 역습에 대비하는 것은 기존과 같다. 이니에스타와 라키티치는 풀백과 연계하면서 깊게 포지셔닝한다. 파울리뉴는 메시와 나란히 서서 전진한다. 수비는 전방 압박을 기본으로 한다. 수비 전환 시 풀백은 본래 위치로 돌아와 4-4-2 수비 블록을 만든다.

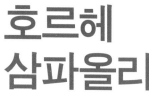

호르헤
삼파올리

독일에 관해서는 언급하고 싶지 않다.
나는 그들의 플레이스타일을 싫어한다.

국 적	🏳 아르헨티나		애 칭	—	
생년월일	1960년 3월 13일				
유형	☑ 열정형 ☐ 온화형 ☐ 냉정형 ☐ 이론형				
지도 경력	1994~1995	🏳 알룸니 데 카실다	2004~2006	🏳 콜로넬 볼로그네시	
	1996	🏳 벨그라노 데 아레키토	2007	🏳 스포르팅 크리스탈	
	1996~1997	🏳 아르헨티노 데 로사리오	2007~2009	🏳 오히긴스	
	1997	🏳 알룸니 데 카실다	2010	🏳 에멜렉	
	1998	🏳 벨그라노 데 아레키토	2011~2012	🏳 우니베르시다드 데 칠레	
	1999~2000	🏳 아프렌디세스 카실덴세스	2012~2016	🏳 칠레 국가대표팀	
	2000	🏳 아르헨티노 데 로사리오	2016~2017	🏳 세비야	
	2001	🏳 알룸니 데 카실다	2017~2018	🏳 아르헨티나 국가대표팀	
	2002	🏳 후안 아우리크	2019~	🏳 산투스	
	2002~2003	🏳 스포르트 보이스			
주요 우승 기록	칠레리그(2011 전 · 후반기, 2012 전반기), 코파 수다메리카나(2011), 코파아메리카(2015)				

▷ 천재를 활용할 줄 아는 비엘사 신봉자

뉴웰스 출신 선배인 마르셀로 비엘사 감독의 축구를 신봉해, 점유 축구와 전방 압박을 전술적 특징으로 삼는다. 바르셀로나의 플레이스타일을 지향하지만 좀 더 역동적이고 공격적이다. 이런 스타일의 원류는 네덜란드 아약스다. 1970년대 토탈사커의 대명사였던 아약스의 중심 선수 크루이프가 감독을 역임하며 바르셀로나에 정착시켰다. 뉴웰스를 이끌던 비엘사는 90년대에 루이스 판 할 감독의 아약스에 감명 받아 독자적 색깔을 입힌 전술을 완성했다. 비엘사를 신봉하는 삼파올리도 독학으로 자기 스타일을 정립했다.

비엘사와의 차이점은 천재형 플레이메이커를 활용한다는 것. 2014년 브라질월드컵에서 슈퍼 서브였던 호르헤 발디비아를 코파아메리카에서 주력으로 기용했다. 발디비아의 기용은 불가피하게 수비에 부담을 주었지만, 그의 창의력이 변화를 가져온 덕분에 칠레는 대회 첫 우승을 달성했다.

세비야 시절에도 전적으로 나스리에게 경기 운영을 맡겼다. 조직력을 갖춘 팀에서 나스리는 어울리지 않는 듯했다. 하지만 삼파올리는 발디비아의 사례에서 창의력과 테크닉이 팀 전술에 필수적이라는 사실을 학습했을 것이다. 아르헨티나 국가대표팀에서는 역대 최고의 재능을 가진 메시를 보유했다. 2018년 러시아월드컵 남미 예선 도중에 부임해 고전하면서도 메시의 막판 활약으로 본선행에 성공했다.

호르헤 삼파올리의 전술 형태

하이 리스크, 하이 리턴의 하드워크

높은 위치에서부터 맨투맨 마크를 시도하는 수비가 인상적이다. 매 경기 상대에 따라서 포메이션을 바꾼다. 볼을 빼앗으면 영리한 패스워크로 상대의 압박을 뚫고 득점을 노린다. 볼 지배력이 좋은 상대에게는 전방 압박으로 대응한다. 상대의 전방 압박을 무력화하는 테크닉으로 전력이 앞선 상대와도 대등한 경기 내용을 선보인다.

삼파올리의 축구는 위험 부담을 감수한다. 전방 압박에 실패하면 곧바로 역습을 허용하기 때문이다. 상대의 압박에 눌려 실수를 저질러도 실점 위기에 빠진다. 자기 팀의 공격력이 강화되는 동시에 상대에게도 공격 기회를 쉽게 허용한다. 경기를 안정적으로 운영하기보다 난타전 형식으로 끌고 가는 스타일이다. 그 방식에 맞춰 팀빌딩을 한다고 해도 기본적으로 리스크가 크다. 용맹하고 스펙터클한 플레이를 펼치므로 이기기만 하면 팬과 언론으로부터 큰 지지를 얻을 수 있다.

약점은 스타일 본연의 위험성이다. 세비야 시절은 바르셀로나 등과 비교해 결정력이 떨어졌다. 득점 기회를 더 많이 만들어도 결정력 부족으로 패하곤 했다. 하지만 아르헨티나 국가대표팀에는 메시가 있다. 천하무적 메시를 살리면서 삼파올리 특유의 많이 뛰는 스타일을 접목하려는 시도가 엿보였다.

대표적 포메이션
칠레 국가대표팀(2015)

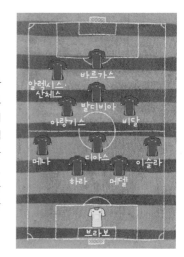

클라우디오 보르기 감독이 해임된 2012년 팀을 맡았다. 비엘사가 이끌던 칠레의 플레이스타일을 부활시켜 2014년 브라질월드컵에서 16강에 진출했다. 2015년에는 자국에서 열린 코파아메리카에서 우승했다. 전년의 월드컵과 달리, 원톱 뒤에 창의적 미드필더인 발디비아를 배치했다. 거친 몸싸움과 풍부한 운동량을 장점으로 살리면서 좀 더 공격적 전술을 시도했다. 2016~17시즌 지도한 세비야에서도 경기마다 다른 포메이션을 채택했다. 시즌 도중 영입한 나스리가 칠레의 발디비아 역할을 수행했다.

메커니즘

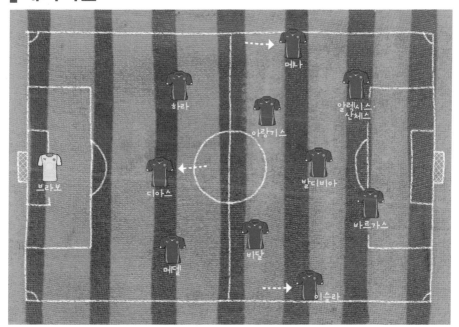

기본 포메이션은 4-3-1-2다. 공격 빌드업에서 마르셀로 디아스가 포지션을 뒤로 이동해 백3를 만든다. 양쪽 풀백은 최대한 전진해서 공격의 폭을 확보한다. 비달과 아랑기스가 많이 뛰면서 패스워크의 축을 이루고, 발디비아는 어태킹 서드(공격 ⅓지역-역주)에서 창의력을 발휘한다. 에이스인 알렉시스 산체스는 신출귀몰한 움직임으로 자유롭게 돌아다니며 득점 기회에 관여한다. 수비는 재빠른 전방 압박이 특징이다. 비달과 아랑기스의 집요한 볼 추적은 칠레의 생명선과 다름없었다.

마르셀로
비엘사

기발한 아이디어를 내는 사람은
그것이 세상에 나올 때까지
'연인'이라 부른다.

국 적	아르헨티나	애 칭	엘로코(광인)
생년월일	1955년 7월 21일		
유형	☐ 열정형 ☐ 온화형 ☐ 냉정형 ☑ 이론형		
지도 경력	1990~1992 뉴웰스 올드보이스	2007~2011 칠레 국가대표팀	
	1992~1994 아틀라스	2011~2013 아틀레틱 빌바오	
	1995~1996 클럽 아메리카	2014~2015 마르세유	
	1997~1998 벨레스 사스필드	2016 라치오	
	1998 에스파뇰	2017 릴	
	1998~2004 아르헨티나 국가대표팀	2018~ 리즈 유나이티드	
주요 우승 기록	아르헨티나리그 (1991 전반기, 1992 후반기, 1998 후반기), 아테네올림픽 (2004)		

▷ 자신만의 다이나믹 스타일을 추구하는 이단아

과르디올라가 가장 존경하는 지도자 중 한 사람으로 알려진 마르셀로 비엘사는 '엘로코(el Loco, 광인)'라 불리며 축구계의 사랑을 한 몸에 받는다. 정치가와 변호사를 배출한 집안에서 축구 선수가 된 것도 특이한데 지도자가 된 이후에도 에피소드를 몰고 다닌다. 뉴웰스를 이끌던 시절, 선수들에게 "이렇게 뛰라"고 샘플로 보여준 것이 야리 리트마넨의 영상이었다. 당시 리트마넨은 아약스에 입단하기 전이었으므로 영상 속 선수가 누구인지 아무도 몰랐다고 한다. 인터넷이 없던 시대에 그런 영상을 어떻게 입수했는지도 불가사의하다. 축구 연구를 향한 비엘사의 열정을 잘 보여주는 사례다.

프랑스리그의 마르세유를 이끌던 시기, 경기 직후 한밤중에 패스트푸드점으로 보이는 곳에서 컴퓨터를 바라보며 분석에 몰두하는 비엘사의 모습이 목격되기도 했다. 칠레대표팀 시절에는 훈련장 숙소에서 숙식을 해결했다. 팬들에게 좀 더 좋은 경기를 보여주기 위해 전력을 다하는 자세는 사회에 공헌해 온 비엘사 가문의 전통일지 모른다.

마우리시오 포체티노, 호르헤 삼파올리, 에두아르도 베리소 등 많은 축구 감독들에게 영감을 주어서 '비엘사파'로 불리는 흐름까지 만들어질 정도다. 단 뉴웰스, 벨레스에서 리그 우승, 아테네올림픽 금메달 이외에는 이렇다 할 타이틀을 얻지 못했다.

마르셀로 비엘사의 **전술형태**

독자적 접근법에 따른 타협하지 않는 축구

철저한 맨투맨 수비와 볼 점유가 특징이다. 맨투맨이기 때문에 그라운드 전체에서 압박을 가하지만, 한 곳이 뚫리면 순식간에 무너질 위험이 있다. 반대로 볼을 빼앗으면 곧바로 득점 기회를 얻는다. 의도적인 맞불 작전이기 때문에 잘 들어맞기만 하면 강한 상대도 쓰러뜨릴 수 있다.

전술뿐 아니라 훈련 방식도 특이하다. 상대 없이 하는 200종에 가까운 훈련 메뉴를 수주에 걸쳐 수행한다. 메뉴 하나에 소요되는 시간은 고작 15분으로 5분 만에 끝나는 훈련도 적지 않다. 가끔 의미를 알 수 없는 훈련도 있다고 한다. 경기 중 벌어지는 모든 상황 및 플레이를 200개 정도로 분류하고, 그것을 효과적으로 체감하도록 세세히 훈련 메뉴로 만든 것이다. 몇 주에 걸쳐서 이런 훈련을 소화하면 선수들이 몸으로 습득하게 되고, 그때부터 비엘사의 팀은 파죽지세로 승리하기 시작한다.

기계처럼 움직인다는 장점과는 별개로, 너무 습관처럼 굳어져 상대로부터 간파당하면 다시 대응하기가 어렵다는 약점도 있다. 경기 중 임기응변하는 능력이 부족한 것이다. 아틀레틱 빌바오와 마르세유에서는 리그 막바지에 성적이 뚝 떨어졌다. 또 대인 방어와 타협이 없는 공격적 스타일은 선수를 힘들게 하는 부분도 있다. '적당히'라는 단어가 용납되지 않는 축구는 강하지만 상대의 한 방에 치명상을 입을 수도 있음이다.

대표적 포메이션
아르헨티나 국가대표팀(1998~2004)

압도적 강세로 2002년 월드컵 남미 예선을 쉽게 통과했다. 3-3-1-3 포메이션은 90년대 루이스 판 할 감독이 이끈 아약스의 향기가 짙게 배어 있다. 월드컵 본선에서는 수비 중심인 아얄라가 다쳤고, 최전성기였던 리켈메를 대표팀에 넣지 못했다. 바티스투타와 크레스포 기용에서도 길을 잃어 본래 실력을 내지 못한 채 조별 리그에서 탈락했다. 그러나 당시 대표팀은 비엘사의 이름을 세계에 알린 베스트 팀으로 평가된다. 전방 압박과 볼을 빼앗으면 템포 빠른 패스워크로 파상공세를 펴는 전술이 특징이다.

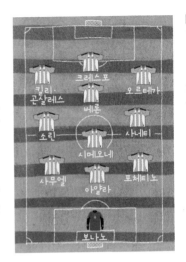

메커니즘

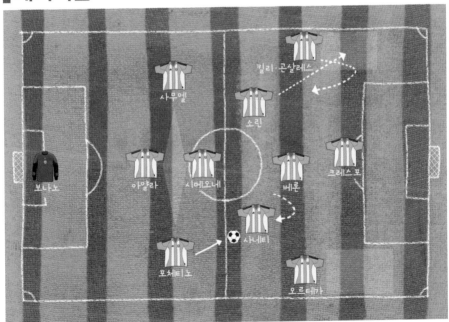

맨투맨이기 때문에 포메이션은 상대에 따라 변한다. 기본적으로 수비수 3인과 앵커가 후방으로부터 빌드업의 출발점이 된다. 전방은 인사이드 하프와 윙어가 포지션을 바꾸면서 종패스를 활용한다. 패스가 연결되면 누군가 반드시 측면 공간으로 뛰어들게 되어 있다. 타이밍이 맞지 않으면 선수끼리 임무를 바꿔 재시도 한다. 볼을 소유하면서 종방향 플레이의 강도를 유지하는 것이 비엘사파 전술의 특징이다.

마우리시오 포체티노

축구에는 인생이 드러난다.
용맹한 인생을 살고 싶다면
용맹하게 뛸 수밖에 없다.

국 적	🇦🇷 아르헨티나	애 칭	—
생년월일	1972년 3월 2일		
유형	☑ 열정형 ☐ 온화형 ☐ 냉정형 ☐ 이론형		
지도 경력	2009~2012 🇪🇸 에스파뇰		
	2013~2014 ✚ 사우샘프턴		
	2014~ ✚ 토트넘 홋스퍼		
주요 우승 기록	코파델레이 (1999~2000, 2005~06)		

▷ 비엘사 직계의 열정적 지도자

마르셀로 비엘사가 아르헨티나 국가대표팀을 이끌던 시기에 선수로 활약했다. 삼파올리는 비엘사를 신봉했지만 직접적 인연은 없었다는 점에서, 사실상 포체티노가 비엘사의 직계라 할 수 있다.

에스파뇰에서 감독으로 데뷔하자마자 바르셀로나를 상대해야 했다. 훈련을 두 번밖에 하지 못한 상황에서 포체티노 신임 감독은 선수들에게 "전방 압박으로 나간다"라고 선언했다고 한다. 당시 과르디올라 감독의 바르셀로나는 최전성기였으므로 전방 압박을 자살 행위로 여긴 선수도 있었을 것이다. 하지만 감독의 공언대로 전방 압박을 선택한 에스파뇰은 바르셀로나와 0-0으로 비겼다. 경기 후 무모한 전술을 선택한 이유를 묻자 포체티노는 "그것 말고는 내가 아는 게 없어서"라고 대답했다.

"그라운드 위에서는 자기가 표현된다. 나는 용맹한 인생을 살고 싶기에 축구에서도 그렇게 한다. 다른 요령은 모른다." 포체티노는 단순히 축구 전술이 아니라 삶의 방식에 관한 문제라고 말한 것이다. 이런 축구관은 비엘사파의 상징적 철학이라 할 수 있다. 토트넘 감독으로 부임해서 젊은 알리와 케인을 세계적 스타로 키웠을 뿐 아니라 프리미어리그 우승을 다투는 수준까지 팀을 끌어올렸다. 전매특허인 전방 압박을 유지하는 동시에 테크닉이 뛰어난 선수를 적극적으로 활용한다. 많이 뛰는 스타일과 정교한 패스워크를 수준 높게 융화시켰다.

마우리시오 포체티노의 **전술 형태**

수비의 벡터와 기세를 공격력으로 전환!

토트넘에서는 기본 전형 4-2-3-1뿐 아니라 4-3-3, 3-5-2, 3-4-3 등 다양한 포메이션을 구사한다. 압박 스타일은 일관되게 유지한다. 전방부터 거칠게 압박하고, 볼을 빼앗을 때의 기세를 그대로 공격으로 전환하는 능력이 뛰어나다.

프리미어리그에 적응하기 위함인지 비엘사파 안에서도 터프함과 속도가 돋보이는 팀을 만들었다. 기술과 속도를 겸비한 선수가 많다. 볼을 빼앗기 위해서 전력 질주하는 덕분에 빼앗은 후까지 빠른 기세를 그대로 유지한다. 수비로 전환해서 수비 블록을 갖출 때도 있지만, 볼을 탈취한 직후의 공격 속도 상승을 중시한다. 전력 질주해서 볼을 빼앗으면 상대는 순간적으로 자리를 찾지 못하는 상태에 빠지는데 이때 공격으로 전환한다. 수비의 강한 기세가 고스란히 공격으로 전환되는 것이다.

토트넘은 전방 압박만 하는 팀이 아니다. 뒤로 물러설 때는 견고한 수비 블록을 만들고, 후방부터 확실하게 빌드업 하는 능력도 갖췄다. 상대에겐 전방 압박으로 부담을 가하고, 상대의 압박에는 영리한 빌드업 능력으로 대응한다는 것이 비엘사파의 특징이다. 포체티노 감독도 그런 장점을 충실하게 이행하고 있다. 전방 압박이 대표 전술이라 해도 그것만 있는 것은 아니다. 소위 만능형 전술이라 할 수 있다.

대표적 포메이션
토트넘 훗스퍼(2017~18)

잉글랜드 국가대표팀 주장이자 팀의 에이스인 케인이 득점을 담당한다. 델리 알리와 손흥민, 에릭센이 2선에서 케인을 충실히 지원한다. '잉글랜드의 이니에스타'로 불리는 윙크스가 영리한 패스워크를 펼친다. 아약스에서 데려온 콜롬비아 출신 수비수 산체스는 조만간 세계적 톱클래스 센터백으로 성장할 잠재력을 지녔다. 프리미어리그에서는 스쿼드 자체가 성적에 직결되는 경향이 강하다. 그러나 토트넘은 빅클럽의 틈바구니에서 소규모 예산으로 재능 있고 젊은 선수를 직접 키워 실적을 내고 있다.

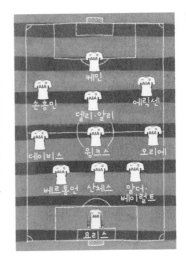

메커니즘

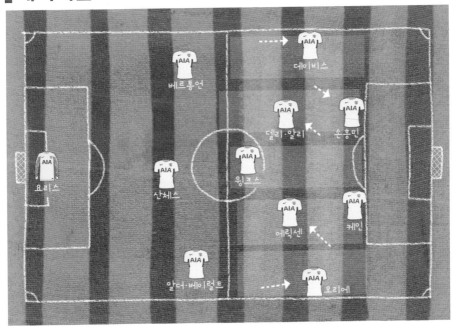

공격 시 볼란치 1인이 최종 수비 라인 가까이 내려가고 양쪽 풀백은 높은 위치까지 전진한다. 측면 자원이 중앙으로 이동해 순간적으로 생기는 틈을 노린다. 공격형 중앙 미드필더인 델리 알리는 중반까지 내려가서 패스워크의 중심적 역할을 수행하면서도 전방 쇄도로 골까지 노린다. 종방향으로 5등분해서 모든 영역에 선수를 배치함으로써 강력한 공격 빌드업을 수행한다는 전술 이론을 충실히 따른다. 공격에 가담한 선수의 빈자리를 동료가 어렵지 않게 메울 수 있다.

마우리치오 사리

내 은행원 시절의 경험은
합리적이고 논리적인
판단에 도움이 된다.

국 적	▮▮ 이탈리아		애 칭	미스터 33
생년월일	1959년 1월 10일			
유형	☑ 열정형 ☐ 온화형 ☐ 냉정형 ☐ 이론형			
지도 경력	1990~1991	▮▮ 스티아	2007	▮▮ 아벨리노
	1991~1993	▮▮ 파엘레세	2007~2008	▮▮ 엘라스 베로나
	1993~1996	▮▮ 카브릴리아	2008~2009	▮▮ 페루자
	1996~1998	▮▮ 안텔라	2010	▮▮ 그로세토
	1998~1999	▮▮ 발데마	2010~2011	▮▮ 알레산드리아
	1999~2000	▮▮ 테골레토	2011	▮▮ 소렌토
	2000~2003	▮▮ 산소비노	2012~2015	▮▮ 엠폴리
	2003~2005	▮▮ 산조바네세	2015~2018	▮▮ 나폴리
	2005~2006	▮▮ 페스카라	2018~2019	✚ 첼시
	2006~2007	▮▮ 아레초	2019~	▮▮ 유벤투스
주요 우승 기록	유로파리그(2018~19)			

▷ 은행원에서 빅클럽 감독으로 변신한 대기만성형

대학을 졸업하고 고향에 있는 토스카나 은행에 취직했다. 아마추어 선수로 8부 리그에서 뛰다가 축구 감독이 되었다. 잠시 은행에서 근무하면서 7부와 6부에 소속된 아마추어팀 감독을 병행했다. 2000년 산소비노(6부)의 감독이 되면서 은행을 퇴사하고 프로축구 감독으로 첫발을 내디뎠다. 산소비노를 세리에D(5부)로 승격시켜 주목받았다. 하위 리그 구단들을 지도하던 사리는 2015년 나폴리의 감독으로 부임했으며, 이후 유럽에서 가장 아름다운 플레이를 구사한다는 극찬을 받았다.

나폴리 감독 부임 당시 이미 56세로 적지 않은 나이였지만, 훈련과 전술 이론은 대단히 선구적이었다고 한다. 검은색 뿔테 안경, 짧은 헤어스타일, 트레이닝복 차림이 사리의 트레이드마크다. "결혼식 차림으로 벤치에 앉는 것이 더 이상하다"라는 사리의 말을 들으면 수긍이 된다. 그는 독서가로도 유명한데, 애독서 중 하나가 미국 시인 찰스 부코스키의 시집이다. 은행원 출신, 오랫동안 역경을 딛고 올라온 행보, 선구적 전술 지식, 시집을 읽는 독서가의 면모가 서로 어울리지 않지만, 부코스키도 우체국에서 근무하다가 만년에 활짝 핀 작가라는 점에서 사리와 통하는 점이 있다.

코파이탈리아에서 상대했던 인터밀란의 로베르토 만치니 감독을 향해 "엉덩이를 뒤로 뺀 호모 자식"이라고 비난해 벌금 2만 유로와 출장 정지 2경기의 징계를 받았다. 성차별주의자란 비난이 일자 사리는 "나는 동성애자를 차별하진 않는다"라며 사과했다.

마우리치오 사리의
전술 형태

아름다운 패스워크가 만드는 절묘한 타이밍

나폴리의 특징은 아름다운 패스다. 템포가 빠른 숏패스를 연결하면서 상대 골문에 접근해 다양한 연계 플레이로 돌파해 득점을 양산한다. 2015~16시즌 세리에A 2위로 약진했을 당시의 에이스 이과인을 유벤투스에 빼앗겼지만, 메르텐스를 센터포워드로 전환해 득점력을 유지했다. 체구가 작은 메르텐스는 이과인과 전혀 다른 유형일 뿐 아니라 전문 스트라이커도 아니었다. 그러나 패스워크로 상대 수비를 허무는 나폴리의 플레이스타일에는 안성맞춤이었다.

나폴리의 패스워크 비결은 패스를 받는 선수의 위치 선정과 그 타이밍에 있다. 수비 블록이 들어선 영역의 경계선으로 패스를 받는 것은 현대축구의 기본이다. 패스를 받는 타이밍이 나쁘면 두 사람의 수비수에게 포위되고 만다. 동료가 패스를 보낼 수 있도록 최적의 타이밍에 해당 위치를 점하는 것이 중요하다. 그 점에서 나폴리는 다른 팀과 차별화된다.

예전 요한 크루이프는 "정답과 오답의 차이는 1초밖에 되지 않는다"라고 말했다. 나폴리는 그 1초를 틀리는 법이 없다. 어떤 전술이라도 타이밍이 맞지 않으면 탁상공론이 된다. 그림 위에서는 늘 자유로울 수 있지만, 경기 중에는 1초 늦거나 1초 빨라도 그 상태를 만들 수 없다. 정확한 위치 선정과 정확한 패스의 연속, 나폴리 축구가 아름다운 이유다.

대표적 포메이션
SSC나폴리(2017~18)

수비 라인부터 착실하게 빌드업을 시작한다. 상대 진영에 진입하면 수비 블록의 경계선으로 패스를 연결해 상대 수비를 흔든 뒤에 뒷공간을 노린다. 왼쪽 측면의 인시녜로부터 카예혼 쪽으로 보내는 크로스가 공격 패턴으로 자리 잡았다. 레프트백 굴람이 오버래핑을 자주 시도한다. 왼쪽을 두들기고 오른쪽을 찌르는 패턴에 능하다. 팀플레이의 중심이 되는 함식, 센터포워드로 변신해서 득점 능력을 만개한 메르텐스, 운동량이 풍부한 질린스키, 안정감 있는 조르지뉴, 강력한 수비형 미드필더 디아와라 등 모든 선수가 뛰어난 패스 능력을 지녔다.

메커니즘

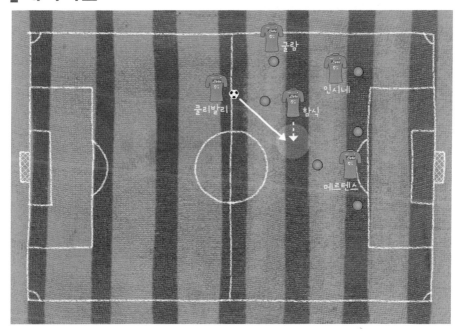

현대축구에서 수비 블록의 경계선으로 패스하는 것은 공격의 기본이다. 나폴리는 그런 플레이의 달인들이다. 예를 들어 함식은 일부러 상대 수비 뒤에 숨어 있다가 패스가 오는 순간 적절한 지점으로 이동한다. 상대는 함식을 향하는 패스 코스를 자신이 막고 있다고 생각해서 움직이지 않을 뿐 아니라, 뒤에 있는 함식의 움직임을 빨리 확인할 수 없다. 함식은 상대가 접근하기 어려운 지점에서 패스를 받고, 상대가 따라붙기 전에 패스를 보낸다. 한 박자 먼저 판단해 상대를 계속 움직이게 만들고, 그렇게 해서 생기는 공간을 이용한다.

요아힘
뢰브

(2014 브라질월드컵 결승전에서 교체 투입되는 괴체에게)

네가 메시보다 낫다는 걸 보여줘!

(괴체는 결승골을 넣었다.)

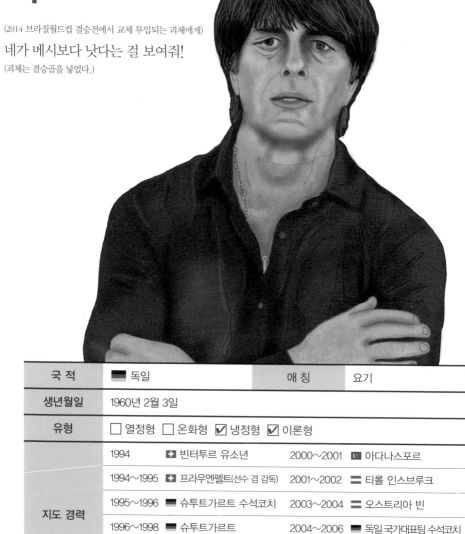

국 적	🇩🇪 독일		애 칭	요기
생년월일	1960년 2월 3일			
유형	☐ 열정형 ☐ 온화형 ☑ 냉정형 ☑ 이론형			
지도 경력	1994	🇨🇭 빈터투르 유소년	2000~2001	🇹🇷 아다나스포르
	1994~1995	🇨🇭 프라우엔펠트(선수 겸 감독)	2001~2002	🇦🇹 티롤 인스부르크
	1995~1996	🇩🇪 슈투트가르트 수석코치	2003~2004	🇦🇹 오스트리아 빈
	1996~1998	🇩🇪 슈투트가르트	2004~2006	🇩🇪 독일 국가대표팀 수석코치
	1998~1999	🇹🇷 페네르바체	2006~	🇩🇪 독일 국가대표팀
	1999~2000	🇩🇪 카를스루에		
주요 우승 기록	오스트리아리그(2002), FIFA월드컵(2014)			

▷ 이례적 장기집권으로 독일의 전술 개혁에 성공

2004년 위르겐 클린스만은 독일 국가대표팀 감독으로 취임하면서 요아힘 뢰브에게 수석코치를 제안했다. 클린스만은 다양한 개혁에 착수했는데 그때 전술을 담당한 사람이 바로 뢰브였다. 이때부터 이미 실질적 감독이었다고 해도 과언이 아니다. 클린스만의 사임으로 감독으로 승격한 2006년부터 13년째(수석코치 기간을 포함하면 15년째) 이례적 장기집권을 이어가고 있다.

슈투트가르트 감독 시절부터 일관되게 공격 축구를 추구했고, 독일 대표팀도 공격적 전술로 전환했다. 이전까지 독일은 맨투맨 방어와 하드워크로 확실하게 결과를 남기는 전통을 이어왔다. 하지만 테크닉이 떨어지면서 대표팀은 퇴보하고 있었다. 유로2004에서 기술과 전술 모두 역부족을 드러내자 혁신적 아이디어를 지닌 클린스만의 개혁 정책이 절실했다. 다른 경쟁자들은 이미 장착한 존마킹(zone marking, 지역 방어)을 독일은 이때서야 도입했다. 2006년 자국 월드컵이 시작되었을 때도 지역 방어는 설익은 상태였던 탓에 난타전 끝에 코스타리카를 4-2로 제압했다. 선도적 전술 능력을 지녔던 뢰브 감독의 수완이 결과로 연결되려는 조짐이 보인 것이다.

2000년부터 시작한 육성 정책에 따라 뛰어난 테크닉을 지닌 젊은 선수들이 등장하며 개혁이 힘을 받았다. 뢰브 감독의 독일 대표팀은 유로 3개 대회와 월드컵 2개 대회 연속 4강 이상의 성적을 거뒀다. 2014년 브라질월드컵에서는 바이에른 뮌헨의 선수들을 중심으로 당시 과르디올라 감독의 전법을 채용해 우승했다.

혁신적이면서 승부사다운
균형 감각을 발휘

브라질월드컵 우승 당시 바이에른의 전술을 채용했다. 후방 빌드업부터 바이에른 방식이었다. 앵커인 람이 센터백 사이에 자리를 잡아 수적 우위를 만들어 패스를 돌린다. 바이에른에서는 풀백이 높은 위치로 이동하지만, 독일 대표팀은 보아텡과 회베데스가 공격적 유형이 아닌 탓에 적극적으로 전진하지 않았다. 뢰브 감독은 바이에른의 전술을 채용하면서도 더 신중하게 활용했다. 월드컵에서는 수비를 경시할 수 없다는 점, 특히 결승토너먼트는 한 골 승부라는 점을 고려해 바이에른만큼 공격에 치중하지 않은 것이다.

예전의 독일팀은 덩치가 큰 센터포워드를 향하는 공중볼 패턴을 정공법으로 삼았다. 뢰브 감독은 미드필더인 토마스 뮐러와 마리오 괴체를 톱으로 기용하는 제로톱을 채용했다. 이 방법이 잘 먹히지 않을 경우, 월드컵에서는 미로슬라프 클로제, 유로2016에서는 마리오 고메스처럼 전통적 스타일의 베테랑 센터포워드를 기용해서 결과를 얻었다. 새로운 전술을 적극적으로 받아들이는 감각이 뛰어나다고 할 수 있다.

유로2016의 8강전에서는 이탈리아를 맞아, 안토니오 콘테 감독의 용병술과 전법을 간파해 변칙 대인 방어로써 상대를 무력화했다. 이탈리아는 장점을 발휘하지 못했고 독일의 신승으로 끝났다.

대표적 포메이션
독일 국가대표팀(2014)

조별 리그를 2승 1무로 통과하고 결승 토너먼트부터 아르헨티나, 프랑스를 한 골 차이로 꺾었다. 준결승전에서는 개최국 브라질을 7–1로 대파했다. 결승전은 아르헨티나와 연장까지 가는 접전 끝에 괴체의 결승골로 통산 4회 월드컵 우승을 달성했다. 조별 리그에서 가나와 비기고 토너먼트에서 아르헨티나와 연장까지 갈 정도로 고전했지만, 시종일관 안정적인 경기 내용을 선보여 우승국의 자격을 입증했다. 볼을 점유하는 지배력은 4년 전 우승한 스페인과 동일했다. 브라질 현지에 베이스캠프를 새로 차리는 등 철저한 계획성도 독일다웠다.

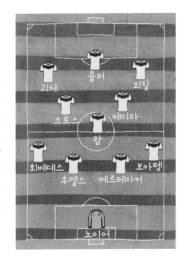

메커니즘

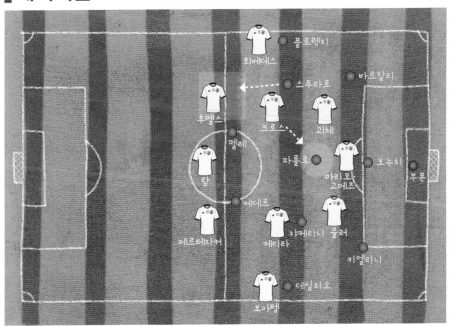

유로2016 8강전에서 기세등등했던 이탈리아와 만났다. 독일은 백3 전술로 전환해 거의 맨투맨에 가깝게 이탈리아를 봉쇄했다. '거의'라고 한 이유는 앵커인 파롤로를 막지 않았기 때문이다. 대신 파롤로에게 패스하지 못하도록 전방 3인이 압박했다. 파롤로에게 볼이 연결되면 크로스가 맨투맨을 붙었다. 크로스가 막던 스투라로는 후멜스가 대신 방어했다. 스투라로가 전방을 향해 포지셔닝하는 유형임을 분석해서 후멜스에게 맨투맨을 맡기는 역할 분담이다.

훌렌 로페테기

축구 경기란 멜론 같다.
껍데기를 까서 속을
들여다볼 때까지 알 수가 없다.

국 적	🏳 스페인		애 칭	—
생년월일	1966년 8월 28일			
유형	☐ 열정형　☐ 온화형　☐ 냉정형　☑ 이론형			
지도 경력	2003	🏳 라요 바예카노	2014~2016	🏳 FC포르투
	2008~2009	🏳 레알 마드리드 카스티야	2016~2018	🏳 스페인 국가대표팀
	2010~2012	🏳 스페인 U19 국가대표팀	2018	🏳 레알 마드리드
	2011~2014	🏳 스페인 U20 국가대표팀	2019~	🏳 세비야
	2012~2014	🏳 스페인 U21 국가대표팀		
주요 우승 기록	유럽 U19 챔피언십 (2011), 유럽 U21 챔피언십 (2013)			

▷ 스페인의 전통을 계승하는 전술가

스페인은 2014년 브라질월드컵에서 조별리그 탈락, 유로2016에서는 16강 전에서 이탈리아에 패해 탈락했다. 델 보스케 감독 사임 후 지휘봉을 잡은 훌렌 로페테기에게는 세대교체와 팀 재건이란 과제가 떨어졌다. 로페테기 신임 감독은 바로 결과를 만들었다. 러시아월드컵 유럽 예선에서 강호 이탈리아와 같은 조에 속하면서 9승 1무라는 압도적 전적으로 조 수위로 통과했다. 득점 36골, 실점 3골이었다.

로페테기 감독은 이니에스타, 부스케츠, 실바, 피케, 세르히오 라모스 등의 베테랑과 코케, 데헤아, 이스코, 사울 등의 신예를 융화해 델 보스케 시대의 패스워크를 훌륭하게 재현했다. 수비면에서도 지금까지 스페인 대표팀에서 볼 수 없었던 존마킹 블록 운영에 성공해 공수 양면에서 빈틈없는 팀을 만들었다.

스페인의 유소년팀을 지도한 뒤, FC포르투를 맡아 챔피언스리그 8강 진출에 성공했다. 8강전 홈경기에서 과르디올라 감독의 바이에른 뮌헨을 꺾었다. 원정에서는 상대의 공중볼 공격과 거친 압박 앞에서 대패했지만, 전술면에서 과르디올라에게도 뒤지지 않는 날카로움을 발휘해 주목받았다. 원정 경기의 전반전 이외에는 로페테기가 과르디올라에 앞섰던 것이 사실이다.

로페테기는 전술가 타입이지만 전성기를 넘긴 주축 선수들, 점검해야 할 플레이스타일이란 문제를 극복해야 했다. 그는 스페인 축구 재건이란 과제를 용감하게 해결해냈다. 자신감과 신뢰를 바탕으로 장점을 살림으로써 새로운 팀을 만든 것이다.

선수의 능력을 그대로 살리는 발굴형 지도자

로페테기 감독이 재건한 스페인은 전통의 토대 위에 선 새로운 스페인이다. 패스워크는 핸드볼이나 농구를 보는 듯한 착각을 일으킬 정도로 전혀 다른 차원으로 발전했다. 포메이션은 4-5-1을 기본으로 한다. 기본 멤버인 부스케츠, 이니에스타, 실바 외에 코케와 이스코 같은 신예를 적절히 융합했다. 아센시오나 사울도 있다. 정확하고 빠른 패스워크는 스페인이 현재의 정체성을 확립했던 유로2008 당시의 '콰트로 후고네스(Cuatro Jugones; 4인의 창조자)'와 빼닮았다.

철저하게 패스를 돌려 상대가 따라오지 못하는 틈을 찔러 득점 기회를 창출한다. 말은 쉬워도 그 이론을 실행할 기술을 지닌 팀은 스페인밖에 없다. 고도의 기술과 패스워크라는 스페인 축구의 정체성을 버리지 않았다는 점이 로페테기 감독의 성공 비결이다. 동시에 지금까지 스페인에 없었던 수비 블록을 구축한 점도 중요하다. 바르셀로나도 기존의 4-3-3 포메이션과 전방 압박뿐 아니라 수비 블록 전술을 받아들였다. 볼 점유만으로 모든 것을 해결하려는 스타일에서 좀 더 만능형 전술로 이행해가는 추세를 로페테기 감독이 정확하게 읽었다고 할 수 있다.

1부 리그 구단을 이끈 경험은 FC포르투가 유일하며 주로 스페인의 연령별 대표팀을 지도해 왔다. 발굴형 감독으로서 수완을 발휘하는 타입이다.

대표적 포메이션
스페인 국가대표팀(2017)

기존 주축 선수 외의 신예인 코케는 풍부한 운동량과 볼을 따내는 능력을 살려 부스케츠를 돕는다. 이스코가 자유롭게 움직이면서 득점 기회에 자주 관여한다. 두 선수 모두 소속팀에서도 같은 역할을 한다. 선수들에게 소속팀과 다른 플레이를 요구하지 않아 거부감 없이 실력을 온전히 발휘할 수 있다. 선수 전원이 쉽게 스페인 축구의 이미지를 공유한다는 점도 중요하다. 전방 압박 후 수비 전환할 때 수비 조직을 갖춤으로써, 볼 점유와 전방 압박을 적절히 사용할 뿐 아니라 역습 효율도 높일 수 있다.

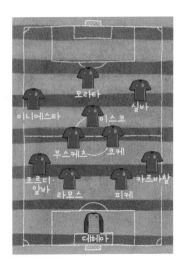

메커니즘

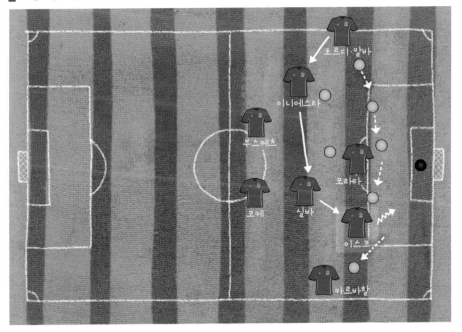

양 측면의 높은 위치까지 올라간 풀백이 공격의 폭을 확보한다. 중앙에서 미드필더 5인이 화려한 숏패스를 연결해 상대를 괴롭힌다. 상대는 패스워크를 쫓아가기 바쁘기 때문에 제대로 위치 선정을 할 수 없다. 선수 간 거리가 무너져 조직이 흐트러진다. 수비 조직의 틈이 생기면, 누군가가 그곳에 침투해서 패스를 받아 간단히 돌파해낸다. 수비의 틈을 노리는 패스워크를 더욱 빠르게 운영하도록 진화한 것이다.

01 요한 크루이프
Johan Cruijff

스타 플레이어 출신의 명장,
스포츠계에서 보기 드문 존재가 이룬 공적

　토탈사커 중흥의 시조라고 할 수 있는 인물이다. 리누스 미켈스 감독이 아약스에서 훗날 '토탈사커'라고 불리는 전술을 시작했는데, 그 중심 선수가 크루이프였다. 1974년 서독월드컵에서 준우승한 네덜란드의 충격적 퍼포먼스를 계기로 토탈사커가 전 세계에 보급되었다.

　네덜란드의 전술에서 눈길을 끈 것은 공격 시 패스워크의 정확도, 수비 시 전방 압박과 오프사이드 트랩이었다. 크루이프는 바르셀로나 감독으로서 토탈사커를 독자적 방식으로 구현했다. 3-4-3 포메이션으로 수많은 트라이앵글을 만들고, 템포가 빠른 패스워크로 압도적 볼 점유율을 유지하면서 공격한다. 볼을 빼앗기면 곧바로 압박해서 최대한 빨리 되찾으려고 노력한다. 현재 바르셀로나의 스타일은 크루이프 감독 시절에 확립되

TECNICAL MEMO

　과르디올라를 경유하는 빌드업 후, 2선 공격수 바케로에게 종패스를 넣는다. 바케로가 원터치로 탈압박해서 상대 골문을 향해 들어간다. 측면에는 '반대발 윙어'를 배치한다. 센터포워드 자리에는 만능형 라우드럽을 기용하고, 가운데 생긴 공간으로 윙어가 침입해서 득점을 노린다.

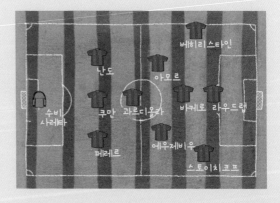

었다.

수비 타입의 선수가 기용되었던 수비형 미드필더 포지션에 화려한 과르디올라를 세워 패스워크의 중심으로 삼았다. 볼을 빼앗기지 않고 운반하기 위한 전술이자, 공격이야말로 최고의 방어라는 신념이다. 투톱 전성시대에 스리톱을 구사했고 본인의 현역 시절처럼 제로톱도 도입했다. AC밀란의 압박 전술이 주목받던 시절, '상대의 시간과 공간을 빼앗는다'라는 수비 전술이 세계 축구계의 트렌드로 자리 잡으려고 할 때, 크루이프는 "훌륭한 공격 앞에서 압박은 무용지물이다, 사람은 볼보다 빨리 달릴 수 없다"라고 호언장담했을 뿐 아니라 실제로 그것을 증명했다.

과르디올라, 에우제비우, 라우드럽 등으로 구성된 '드림팀' 출신들이 감독이 되어 크루이프의 철학을 계승하고 있다. 항상 혁신하는 과르디올라 감독의 특징을 잘 보여준다.

Johan Cruijff

【경력】 아약스에서 UEFA챔피언스리그 3연패, 네덜란드 대표팀에서도 주장으로 출전한 1974년 월드컵에서 준우승했다. 토탈사커로 세계 축구계에 충격을 안겼다. 친정 아약스에서 지도자로 첫발을 디뎠고, 바르셀로나에서는 리그 4연패, UEFA챔피언스리그 첫 우승을 달성했다.

CHAPTER 2

선수비 후역습 계열

Tough defense & Swift attack

축구는 득점이 적은 종목이다.
한 경기에서 기록되는 득점은 기껏해야 두세 골 정도다. 수비하기 쉽고 공격하기 어려운 스포츠다.
수비를 단단히 하면서 역습을 노리는 전술은 축구라는 종목의 특성에 적합하다고 할 수 있다.
상대의 정비된 수비를 두드리는 것보다 속공이 득점 확률이 높다.
객관적인 전력이 앞선 팀을 상대하는 방법이기도 하다.

디에고
시메오네

오늘이 인생의 마지막 경기라는
생각으로 싸워라.

국 적	🇦🇷 아르헨티나	애 칭	초코

생년월일	1970년 4월 28일		

유형	☑ 열정형 ☐ 온화형 ☐ 냉정형 ☐ 이론형		

지도 경력	2006	🇦🇷 라싱 클럽	2011	🇮🇹 카타니아
	2006~2007	🇦🇷 에스투디안테스	2011	🇦🇷 라싱 클럽
	2007~2008	🇦🇷 리버 플레이트	2011~	🇪🇸 아틀레티코 마드리드
	2009~2010	🇦🇷 산로렌소		

주요 우승 기록	아르헨티나리그(2006~07전반기, 2007~08후반기), 라리가(2013~14), 코파델레이(2012~13), 스페인 슈퍼컵(2014), 유로파리그(2011~12, 2017 ~18), UEFA 슈퍼컵(2012, 2018)

▷ 기교, 투쟁심, 교활함! 아르헨티나 전통으로 빚어낸 빅3 시대!

현역 시절 아르헨티나 A매치 106경기에 출전한 시메오네는 테크닉은 물론 공수 양면을 넘나들 정도로 풍부했던 운동량, 뜨거운 투쟁심의 소유자였다. 무엇보다 단단한 미드필더였다. 감독으로서 시메오네가 선수들에게 주문하는 것도 비슷하다. 단순히 볼 처리 능력이 뛰어난 선수가 아니라 팀의 승리에 공헌하는 선수다.

그의 제자 중에는 "시메오네를 위해서라면 다리 위에서라도 뛰어내린다"라고 말하는 선수도 있다. 팀 충성심이 높은 인재를 모았다기보다 시메오네 감독의 가르침 덕분일 것이다.

아르헨티나의 전통은 선수비 후역습이다. 1-0 승리가 아름다운 축구라는 믿음은 이탈리아와 닮았다. 넓은 국토와 많은 인구의 혜택을 누리는 라이벌 브라질과 비교하면 아르헨티나는 소국에 지나지 않는다. 상대를 압도해서 이기기보다는 상대의 장점을 봉쇄하고 견고한 플레이로 승기를 잡아 왔다. 우선 견고한 수비를 바탕에 깐다. 시메오네 감독이 이끄는 아틀레티코 마드리드는 강력한 수비와 단결력으로 바르셀로나, 레알 마드리드란 거인에 대항해서 라리가의 빅2 체제를 허물고 빅3 시대의 막을 올렸다. 바르셀로나와 레알의 축구를 따라 하면 우승할 수 없다. 브라질에 대항해 온 아르헨티나처럼 아틀레티코는 차별화된 축구를 만들었다. 틈새가 없는 수비 조직에는 시메오네의 영리함이, 거친 일대일 싸움에는 시메오네의 열정이 담겼다. 막강한 상대와 맞서는 용맹스러움에 선수와 관중이 모두 환호한다.

디에고 시메오네의 전술 형태

4-4-2 중심의 물샐 틈 없는 수비

4-4-2 기반의 선수비 후역습. 아르헨티나에는 공격형인 메노티(Cesar Menotti)파와 수비형인 빌라르도(Carlos Bilardo)파가 있는데, 시메오네는 후자에 해당한다. 우선 수비를 단단히 한다. 속공 시에도 사이드 체인지를 쓰지 않고 한쪽 측면으로만 공격한다. 볼을 빼앗겼을 때 수비가 쉽기 때문이다.

수비는 조직적이며 견고하다. 존마킹과 맨마킹을 적절히 섞은 수비 전술은 본인이 뛰었던 90년대 이탈리아 축구에 영향을 받은 듯하다. 상대 진영, 중반, 자기 진영에서 각기 다른 방어 태세를 취한다. 압박부터 상대를 몰아세우는 수비까지 실수가 없다. 이른바 완성도 높은 유럽식 철학이다. 세트피스 연구에도 열심이다. 센터백인 고딘의 헤더슛은 중요한 경기에서 자주 골로 연결된다. 예산 규모가 다른 레알, 바르셀로나와 동일한 스타일을 추구하지 않은 것은 현명한 판단이었다. 철벽 수비로 막강한 상대와 싸우는 요령을 터득한 것이다. 레알과 바르셀로나는 득점력으로 위기를 타개하지만, 아틀레티코는 그럴 만한 힘이 없다. 견고한 수비를 감수하면서 공격을 보강하는 일이 과제였다. 이 지점에서 시메오네 감독은 한쪽 측면만 집요하게 두드리는 방법을 구사한다. 상대 수비 역시 그쪽 측면으로 쏠려 공격하기 어렵지만, 뚫기만 하면 절호의 득점 기회를 만들 수 있다. 또 볼을 빼앗겨도 재탈취하기 쉬워 파상공세가 가능하다. 수비력을 살린 공격인 셈이다.

대표적 포메이션
아틀레티코 마드리드(2013~14)

4-2-3-1이 주류였던 시기에 투톱을 되살렸다. 4-4-2의 기본
인 미드필더와 수비수의 4-4 수비 블록에 투톱까지 더해 10인
수비 블록을 쌓았다. 즉 4-2-3-1의 9인 블록보다 수비가 더 견
고한 덕분에 포워드를 2인으로 정했다. 투톱은 4-4의 8인 블록
에 접근해서 10인이 콤팩트한 수비 대형을 유지함으로써 4-4
블록의 바로 앞에 생기는 공간도 쉽게 내주지 않는다. 다만 상
대 센터백이 자유로워지는 것이 문제인데, 그곳으로 볼이 투입
되면 팀 전체가 한꺼번에 전진해서 압박한다. 10인이 한 몸이
되는 수비가 우승의 원동력이었다.

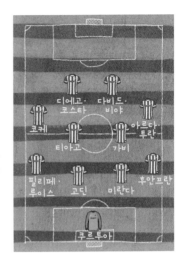

메커니즘

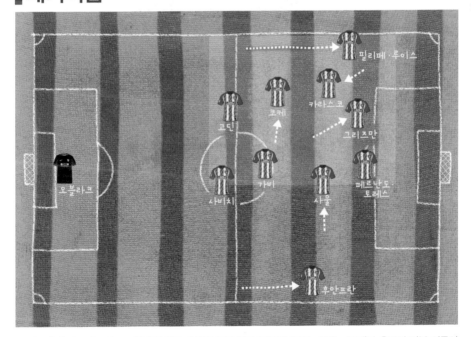

아틀레티코는 의도적으로 상대의 한쪽 측면만 공략한다. '공격은 넓게, 수비는 좁게'가 축구의 기본 이론이
지만, 아틀레티코는 좁은 영역에서 섬세한 패스를 연결해 돌파를 시도한다. 상대가 막기 쉽지만, 자기편이
밀집한 상태이므로 볼을 빼앗겨도 볼이 다른 영역으로 튕겨 나가기 어렵다. 수비가 강한 만큼 아틀레티코
는 볼을 다시 빼앗는 플레이에도 능하다. 재탈취 지점도 상대 진영이기 때문에 반격을 가할 수 있는 이점을
활용할 수 있다. 혼전 양상이 펼쳐지더라도 일대일 싸움에 강한 아틀레티코로서는 반가운 상황이라 하겠다.

클라우디오 라니에리

경기 전 선수들에게 말했다.
'지금까지 꿈을 꾸기만 해왔다.
이제 그것을 실현해야
할 때다'라고.

국 적	🇮🇹 이탈리아		애 칭	수리공
생년월일	1951년 10월 20일			
유형	☐ 열정형 ☑ 온화형 ☐ 냉정형 ☐ 이론형			
지도 경력	1986~1987 🇮🇹 비고르 라메치아		2007~2009 🇮🇹 유벤투스	
	1987~1988 🇮🇹 캄파니아 푸테올라나		2009~2011 🇮🇹 로마	
	1988~1991 🇮🇹 칼리아리		2011~2012 🇮🇹 인테르	
	1991~1993 🇮🇹 나폴리		2012~2014 🇲🇨 AS 모나코	
	1993~1997 🇮🇹 피오렌티나		2014 🇬🇷 그리스 국가대표팀	
	1997~1999 🇪🇸 발렌시아		2015~2017 ➕ 레스터 시티	
	1999~2000 🇪🇸 아틀레티코 마드리드		2017~2018 🇫🇷 낭트	
	2000~2004 ➕ 첼시		2018~2019 ➕ 풀럼	
	2004~2005 🇪🇸 발렌시아		2019 🇮🇹 로마	
	2007 🇮🇹 파르마		2019~ 🇮🇹 삼프도리아	
주요 우승 기록	코파이탈리아(1996), 코파델레이(1999), 프리미어리그(2015~16)			

▷ 레스터 우승 동화를 완성한 축구 장인

1991년 나폴리 감독으로 부임했다. 당시 절대적 에이스이면서도 결장이 빈번했던 마라도나의 대역으로 졸라를 발굴했다. 1993년부터 피오렌티나를 맡아 세리에A 승격과 코파이탈리아 우승(1996년)을 이루었다. 포르투갈 신세대 플레이메이커였던 후이코스타, 아르헨티나 거포 바티스투타가 주축이었다. 1997년 스페인에 진출해 발렌시아에서 코파델레이(1999년)를 달성했다. 준족 클라우디오 로페스, 오른쪽 측면 크로스에 능한 멘디에타를 활용하는 선수비 후역습 스타일이었다.

1999년 아틀레티코 마드리드에서 한 시즌 만에 사임했다. 2000년부터 네 시즌 동안 프리미어리그의 첼시를 이끌면서 램파드, 테리 등 젊은 선수들을 육성했다. 마지막 시즌에 새롭게 등장한 구단주 로만 아브라모비치의 의지로 모리뉴가 신임 감독으로 오면서, 라니에리는 팀을 떠났다. 긴축 재정 하에서 젊은 선수를 활용했던 구단 정책이 단숨에 대대적 보강으로 바뀌는 과도기에 라니에리가 나름 팀을 본궤도에 올려놓았지만 제대로 평가받지 못했다.

이후 발렌시아, 파르마, 유벤투스, 로마, 인테르 등 어려움에 빠진 명문 구단을 거치면서 성공과 실패를 겪었다. 2012년부터 프랑스의 AS 모나코를 1부로 승격시킨 것은 물론 다음 시즌에는 1부 우승을 다투었다. 2014년 첫 국가대표팀(그리스) 감독이란 도전이 단기간에 끝나고 2015~16시즌부터 레스터를 맡았다. 개막 당시 강등 후보였던 팀을 프리미어리그 우승으로 이끌었다. 오랜 지도자 경력에서 맛본 첫 메이저 타이틀이다. 까다로운 구단주에게 휘둘리면서도 살신성인의 자세로 난국을 타파해온 축구 장인이 드디어 빛을 본 순간이었다.

클라우디오
라니에리의
전술 형태

유능한 수리공, 무능한 대장장이

곤경에 처한 팀을 구하는 '수리 전문가'로 불리는 동시에 '팅커맨'이라는 별명도 있다. 팅커맨은 실력이 서툰 대장장이를 의미한다. 고치면 고칠수록 나빠진다는 뜻이다. 라니에리 감독의 전술적 특징은 선수비 후역습이다. 조직적으로 수비를 다지는 것이 특기로 개인기가 뛰어난 공격수를 보유하면 결과를 낸다. 단, 좋은 선수가 많으면 판단력이 흐려지는 것 같다. 다양한 시스템과 선수의 조합을 시도했지만, 결국 모든 선택이 불완전연소로 끝나는 일이 잦아 팅커맨이란 별명을 얻었다.

레스터에서 우승 동화를 달성했던 2015~16시즌은 전형적 선수비 후역습의 4-4-2 전술이었다. 가장 큰 특징은 모든 선수가 엄청나게 뛴다는 점이다. 하지만 2016~17시즌은 타이틀 방어는커녕 리그 잔류를 노려야 할 정도로 경기력이 떨어졌다. 상대가 경계 태세를 갖춰 수비를 단단히 하는 경기가 늘면서 역습 중심의 전술만으로 역부족이란 민낯이 드러났다. 영입 선수로 공격력 강화를 꾀했으나 팀 밸런스를 무너뜨리는 결과만 낳았다. 전력이 앞서는 팀을 이기는 것만이 아니라 한 수 아래인 팀을 상대로 승점을 떨어뜨리지 않는 습관이 정착되어야 했지만, 이런 변화가 기존 밸런스에 악영향을 끼친 것이다. 허물고 새집을 짓는 과정에서 라니에리 감독은 다시 팅커맨으로 전락했다. 2017~18시즌 프랑스 낭트에서는 성과를 거두었다.

대표적 포메이션
레스터(2015~16)

승격한 팀을 맡아 프리미어리그 우승 동화를 완성했다. 중앙 미드필더인 캉테와 드링크워터 콤비를 중심으로 풍부한 운동량과 수비력을 앞세워 상대 공격을 봉쇄하면서 바디의 득점력으로 승부를 거는 스타일이다. 바디를 지원하면서 공수에서 공헌한 오카자키, 유일한 테크니션이라 할 수 있는 왼발잡이 마흐레즈가 악센트 구실을 했다. 전형적인 선수비 후역습 전술인 4-4-2 형태의 고전 스타일이었지만, 기본에 충실하기만 하면 지금도 먹힌다는 사실을 증명했다고 할 수 있다.

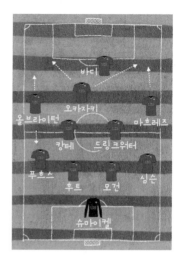

메커니즘

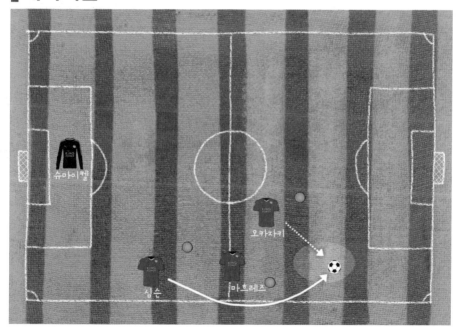

수비 빌드업 능력이 떨어지므로 안전제일의 롱패스를 선택할 때가 많다. 그때 노리는 곳은 상대의 풀백과 센터백 사이에 있는 공간이다. 볼 소유권을 빼앗길 때도 많아서 운이 필요한 작전이지만, 볼이 떨어지는 지점으로 반드시 포워드가 돌진한다. 상대 볼일 때도 압박을 통해 자기 수비진이 안정되도록 한다. 오카자키는 풍부한 운동량으로 궂은일을 충실히 해냈다. 역습의 방점을 찍는 선수는 미드필더인 마흐레즈와 포워드인 바디였다.

안토니오 콘테

공격하기 위해 수비한다는
철학은 너무나도
당연한 것이라 생각한다.

국 적	▌▌ 이탈리아		애 칭	재봉사	
생년월일	1969년 7월 31일				
유형	☑ 열정형 □ 온화형 □ 냉정형 □ 이론형				
지도 경력	2005~2006 ▌▌ 시에나 수석코치		2010~2011 ▌▌ 시에나		
	2006 ▌▌ 아레초		2011~2014 ▌▌ 유벤투스		
	2007 ▌▌ 아레초		2014~2016 ▌▌ 이탈리아 국가대표팀		
	2007~2009 ▌▌ 바리		2016~2018 ✝ 첼시		
	2009~2010 ▌▌ 아탈란타		2019~ ▌▌ 인테르 밀란		
주요 우승 기록	세리에A(2011~12, 2012~13, 2013~14), 프리미어리그(2016~17), FA컵(2017~18)				

▷ 유벤투스의 성공을 프리미어리그까지

콘테의 커리어는 유벤투스와 함께한다. 고향 레체에서 6시즌을 보낸 뒤 줄곧 유벤투스에서 뛰었다. 투지 넘치는 미드필더로서 활약하면서 전성기의 유벤투스에서 세리에A 5연패에 기여했다. 1995~96시즌 UEFA챔피언스리그에서도 우승했다.

2005년 시에나 수석코치로 지도자의 첫발을 뗐다. 세리에B의 아레초, AS 바리, 시에나를 승격시키면서 주목 받았다. 2010~11시즌 시에나에서 구사한 4-2-4 시스템이 화제를 모아 유벤투스 감독으로 부임했다. 2011년부터 유벤투스를 이끌었던 3시즌 내내 리그를 제패했다. 승률은 67.55%였다. 유벤투스에서도 시에나 시절의 4-2-4로 시작했지만, 4-4-2와 3-5-2도 적절히 활용했다. 칼치오폴리 스캔들(심판 매수)로 추락했던 명문의 부활에 공헌했다.

2014년부터는 이탈리아 국가대표팀 감독을 맡았다. 유로 예선을 통과해 2016년 본선에서 8강에 진출했다. 스페인을 꺾고 8강전에서 독일과 승부차기까지 가는 접전을 펼쳤다. 전술적으로는 유벤투스 시절의 경험을 살렸다.

2016~17시즌부터 프리미어리그의 첼시를 이끌었다. 개막 당시 슬로 스타트였지만, 백3로 바꾸면서 콘테의 색깔이 나오자 팀이 연승 행진을 벌여 결국 리그에서 우승했다. 백4 전술이 주류였던 프리미어리그에 큰 임팩트를 남겼다. 테크니컬 에어리어에서 화려한 액션과 이탈리아인다운 열정을 선보였다. 홈 경기장 부근에 이탈리아계 커뮤니티가 자리 잡고 있어서 인기가 매우 좋았다고 한다.

안토니오 콘테의
전술 형태

견고한 수비와 압권의 공격력

시에나 시절은 4-2-4, 유벤투스에서는 4-4-2와 3-5-2, 첼시에서는 3-4-2-1로 포메이션이 바뀌었지만, 콘테 감독의 기본 스타일은 바뀌지 않았다. 공수에서 적극적인 점, 측면 포지션(풀백 또는 윙백)의 종방향 운동량이 공통점이다. 중앙에는 안드레아 피를로(유벤투스), 레오나르도 보누치(유벤투스, 이탈리아 국가대표팀), 다비드 루이스(첼시)처럼 볼 배급에 능한 선수를 미드필더나 센터백으로 기용한다. 측면 오버래핑과 중앙에서 나가는 롱패스가 공격에 역동성을 더한다.

수비는 견고함을 추구한다. 백3 전술에서는 윙백을 내려서 5인 최종 수비 라인을 만든다. 전방에서 압박할 때와 아래로 내려서 공간을 없앨 때, 수비진이 템포를 효율적으로 조율한다. 두 상황 모두 중원에는 많이 뛰면서 볼을 탈취하는 선수가 필요하다. 공격의 핵심은 역습과 후방에서의 볼 점유다. 1순위 목표인 역습이 어려워지면 최종 수비진과 앵커가 패스를 돌린다. 중원을 지배하는 것이 아니라 후방에서 볼을 돌려, 콤팩트한 형태를 유지하던 상대가 압박을 위해 전진하기를 기다린다. 그러면 후방에서 롱패스를 이용해서 단번에 공격 기회를 만든다. 공격의 메인이 역습이기 때문에 드리블로 볼을 운반할 수 있는 미드필더가 필요하다. 첼시에서는 에당 아자르, 윌리안, 페드로가 개인기를 살려 활약했다.

대표적 포메이션
첼시(2016~17)

유벤투스와 이탈리아 대표팀에서 성공을 거둔 승리 방정식을 채택하면서 프리미어리그에서도 돌풍을 일으켰다. 첼시의 포메이션은 3-4-2-1이었다. 수비 시 양쪽 윙백이 내려와서 백5 수비를 이룬다. 백5 전술은 존마킹 공략의 열쇠가 되는 ①풀백과 센터백의 사이 공간, ②센터백과 수비형 미드필더의 사이 공간 모두를 없애준다. 센터백과 풀백 사이에 공간이 생기기 어렵다. 위험 영역에서 중앙 3인 중 1인이 전진해 상대 공격을 무력화한다. 중앙에 두 사람이 남아 있어서 위험성이 적다.

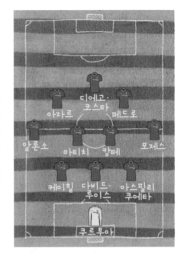

메커니즘

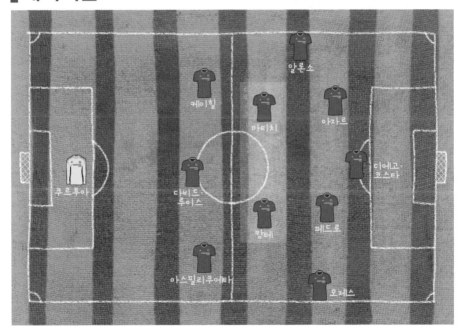

윙백의 앞에 생기는 공간이 구조적 약점이다. 이탈리아 대표팀에서는 미드필더 3인이 횡방향으로 이동하면서 막았고, 첼시에서는 2선 공격수 2인이 수비를 도왔다. 이렇게 되면 포메이션은 5-4-1이 된다. 어느 쪽이든 종방향 움직임의 거리가 먼 윙백이 많이 뛰어야 하는 부담이 생긴다. 윙백의 잎 공간을 메우는 선수들도 적지 않은 운동량이 필요하게 된다. 전체적으로 콤팩트하고 강한 체력을 전제로 하는 전술이므로 평소 컨디션 조절이 중요하다.

라파엘
베니테스

아름다운 축구 같은 건
축구 해설가의 선동일 뿐이다.
우리는 좋은 축구를 하고 있고,
그래서 이기고 있다.

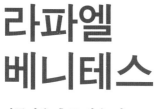
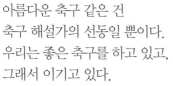

국 적	🇪🇸 스페인		애 칭	라파
생년월일	1960년 4월 16일			
유형	□ 열정형 □ 온화형 □ 냉정형 ☑ 이론형			
지도 경력	1993~1995	🇪🇸 레알 마드리드 카스티야	2010~2011	🇮🇹 인테르
	1995~1996	🇪🇸 바야돌리드	2012~2013	➕ 첼시
	1996	🇪🇸 오사수나	2013~2015	🇮🇹 나폴리
	1997~1999	🇪🇸 엑스트레마두라	2015~2016	🇪🇸 레알 마드리드
	2000~2001	🇪🇸 테네리페	2016~ 2019	➕ 뉴캐슬
	2001~2004	🇪🇸 발렌시아	2019~	🇨🇳 다롄 이팡
	2004~2010	➕ 리버풀		
주요 우승 기록	라리가(2001~02, 2003~04), 유로파리그(2003~04, 2012~13), 챔피언스리그 (2004~05), FA컵(2005~06), 클럽월드컵(2010), 코파이탈리아(2013~14)			

▷ 까다로운 타이틀 수집가

부상으로 현역에서 일찍 은퇴했다. 26세부터 레알 마드리드의 유소년팀과 리저브 코치로서 실적을 남겼다. 1995~96시즌 바야돌리드의 감독으로 취임했지만 최하위에 머물러 해임되었다. 1996~97시즌 오사수나를 맡아 9경기에서 1승밖에 올리지 못해 다시 경질되어 지도자 초창기 시절 곤욕을 치렀다.

이후 에스트레마두라를 2부에서 1부로 승격시켰고, 2000~01시즌 테네리페의 승격도 달성했다. 2001년 부임한 발렌시아에서 놀랍게도 라리가 우승을 달성했다. 이때부터 그는 지도하는 구단마다 타이틀을 수집한다. 2003~04시즌 발렌시아에서 라리가와 UEFA컵(현 유로파리그)에서 우승했다. 2004~05시즌부터 지도한 리버풀에서는 프리미어리그 경쟁에서 처지면서도 부임 첫해 UEFA챔피언스리그 우승을 거머쥐었다. 2006~07시즌도 결승에 진출했다. 2010~11시즌 인테르에서 FIFA 클럽월드컵 우승, 첼시(2012~13)에서 UEFA유로파리그 우승, 나폴리에서 코파이탈리아를 제패했다.

발렌시아 시절 이후, 우승하지 못했던 유일한 구단이 레알 마드리드였다. 2015~16시즌 안첼로티의 후임으로 지휘봉을 잡은 지 한 달 만에 해임되었다. 2016년 3월부터 뉴캐슬을 이끌어 프리미어리그 승격이란 목표를 달성했다. 타이틀 수집가이면서도 감독의 업무 처리에 조급한 탓에 구단 프런트와 자주 대립한다. 발렌시아에서는 리그에서 우승하고도 해임되었다. 인테르에서도 모라티 회장과 관계가 틀어져 쫓겨났다. 6시즌을 이끌었던 리버풀에서도 프런트와의 불화로 팀을 떠났다.

전력 보강을 둘러싼 잡음의 연속

필드를 넓게 사용하는 공격에서는 정평이 나 있다. 전술적으로는 정통파에 해당한다. 날카로운 역습과 볼 점유 능력을 겸비했다. 본인의 키워드를 '균형감각'이라고 인정하는 것처럼 어느 한쪽으로 치우치지 않는 스타일을 지향한다. 선수의 능력을 살리는 재주도 좋다. 단점이라면 전술의 다양성과 유연한 대응이 부족하다는 것이다.

베니테스가 프런트와 불화를 겪는 최대 원인은 전력 보강이었다. 프런트가 감독의 요청과 전혀 다른 선수를 영입할 때마다 문제가 벌어졌다. 베니테스의 전술은 정확히 원하는 선수를 보유하면 진가를 발휘하지만, 그렇지 않으면 영입 자체의 의미가 없어진다. 주어진 전력에 맞춰 전술을 구축하지 않고, 자신이 구상한 전술을 고수하는 타입이기 때문이다. 베니테스에게 선수 보강은 사활이 걸린 문제이므로 양보가 어려웠을 것이다.

대부분 구단에서 타이틀을 땄지만, 리그 우승은 발렌시아 시절의 두 차례뿐이다. 힘이 있는 팀을 만들지만, 쉽게 분석 당한다는 약점이 있다. 스타 선수를 다루는 데에도 서툴다. 레알 마드리드에서도 주축 선수들의 신뢰를 얻지 못했다.

인테르의 모라티 회장은 "성격에 문제가 있다"라고 말해 논란을 낳았다. 베니테스가 선수들의 마음을 사로잡는 감독이 아니라는 뜻으로 해석된다.

대표적 포메이션
리버풀(2006〜07)

리그에서 5위로 밀리면서도 UEFA챔피언스리그 결승전에서 '이스탄불의 기적'을 완성했다. 밀란을 상대로 전반전에서 0-3으로 뒤졌다. 피넌의 부상으로 인해, 한 번도 써본 적 없는 백3로 전환해서 대반격에 나섰다. 제라드, 스미체르, 사비 알론소의 연속 골로 3-3 동점을 만들었다. 이후 체력 저하를 버티면서 승부차기에 돌입했다. 골키퍼 두덱의 '스파게티 댄스' 작전이 먹혔는지, 승부차기에서 3-2로 이겨 우승을 차지했다. 두덱의 제스처는 1983〜84시즌 승부차기에서 승리했던 그로블라의 움직임을 따라 한 것이었다.

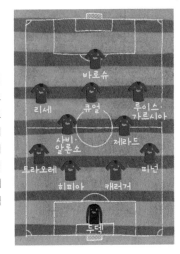

메커니즘

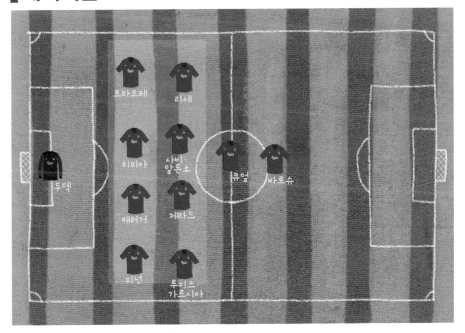

조직적인 4-4 수비 블록에서 전개되는 역습 단타가 매력적이다. 현대 축구의 표본이라고 해도 좋다. 이스탄불에서 밀란을 꺾었던 UEFA챔피언스리그 결승전에서는 경기 도중에 백3로 전환한 카드가 먹혔다. 하지만 세 골이나 뒤졌던 절박한 상황에서 내린 고육지책이었다. 베니테스 감독은 도박에 가까운 전략을 선호하는 타입이 아니다. 평소 큰 폭의 포메이션 변화도 없다. 벼랑 끝까지 밀린 덕분에(?) 기적을 일으킬 수 있었다는 평가가 지배적이다.

페르난두 산투스

이제 포르투갈은 고전적인
4-3-3으로 뛰지 않는다.
상대를 등지고 볼을 받는
포워드가 없기 때문이다.

국 적	🏴 포르투갈		애 칭	펜타 엔지니어
생년월일	1954년 10월 10일			
유형	☐ 열정형 ☐ 온화형 ☑ 냉정형 ☐ 이론형			
지도 경력	1987~1988 🏴 에스토릴 수석코치		2003~2004 🏴 스포르팅 리스본	
	1988~1994 🏴 에스토릴		2004~2006 🇬🇷 AEK 아테네	
	1994~1998 🏴 에스트레이아 아마두라		2006~2007 🏴 벤피카	
	1998~2001 🏴 FC 포르투		2007~2010 🇬🇷 PAOK	
	2001~2002 🇬🇷 AEK 아테네		2010~2014 🇬🇷 그리스 국가대표팀	
	2002 🇬🇷 파나시나이코스		2014~ 🏴 포르투갈 국가대표팀	
주요 우승 기록	포르투갈리그 (1998~99), 타사데포르투갈 (1999~2000, 2000~01), 그리스컵 (2001~02), 유로2016, UEFA 네이션스리그 (2018~19)			

▷ 유로 첫 우승에 빛나는 펜타 엔지니어

부상으로 21세에 현역에서 은퇴했다. 대학에서 전기통신학을 전공해 엔지니어로 일하다가 축구 지도자로 전향해서 포르투갈 빅3(벤피카, 스포르팅, FC 포르투)를 섭렵했다. 1998~99시즌 포르투의 리그 5연패를 달성하자, 팬들이 5관왕을 뜻하는 '펜타'란 단어를 따서 '펜타 엔지니어'라는 애칭을 붙여줬다.

2014년 브라질월드컵에서 그리스 대표팀을 16강에 올렸다. 첫 경기에서 콜롬비아에 완패, 두 번째 경기에서도 일본과 비겼지만, 세 번째 경기에서 코트디부아르를 꺾고 조별리그를 통과했다. 일본전에서는 전반전에 한 명이 퇴장 당한 상태로 상대의 파상공세를 버텨 0-0 무승부로 승점을 땄다. 패색이 짙었던 경기에서 끝까지 포기하지 않고 뛴 덕분에 16강 진출의 불씨를 살린 것이다.

유로2016에서는 포르투갈 대표팀 감독으로서 조국에 첫 유럽 챔피언의 영광을 안겼다. 조별리그에서 계속 고전하다가 토너먼트부터 수비 전술로 전환해 결승까지 올라갔다. 결승전에서는 개최국 프랑스를 꺾었다. 대회의 전반적 전술 트렌드를 간파해서 공격에서 수비 중심으로 편성을 바꾼 판단이 빛난다. 포르투갈은 뛰어난 개인기와 화려한 공격력을 바탕으로 한 팀이니 만큼, 수비 중심 전술은 크게 비난받았다. 하지만 그리스 시절 확신했던 수비를 중시한 전술이 유로 우승의 열쇠였다. 엔지니어라는 별명답게, 산투스 감독의 냉정하고 포기하지 않는 접근법은 그때까지의 포르투갈에서 보기 어려웠던 일면이었다.

페르난두 산투스의 전술 형태

유로2016에서 보여준 대담한 전술 변경

유로2016의 조별 리그 3경기를 모두 비겼다. 처음엔 공격 축구를 전개했다. 스페인과 독일에 이어 세 번째로 높은 볼 점유율을 기록했지만, 결과가 나오지 않자 결승 토너먼트부터 수비 전술로 급변했다. 그러자 포르투갈은 전혀 다른 얼굴을 보이기 시작했다. FIFA 클럽월드컵에서 유럽 챔피언을 상대하는 남미 챔피언처럼 상대의 장점을 봉쇄하는 전략이었다. 이른바 경기를 죽이는 작전이다.

결승전에서 포르투갈은 절대적 에이스 크리스티아누 호날두가 부상으로 빠진 후에도 프랑스의 공격을 침착하게 막아냈고, 연장전에서 에데르의 한 방으로 승리했다. 7경기에서 정규시간 90분 안에 이긴 것은 웨일스와의 준결승전뿐이었다. 포르투갈이 수비로 우승했다고 해도 과언이 아니다.

사실 조별리그에서 보여준 공격 축구도 대단히 세련된 것이었다. 포지션을 바꾸면서 중반에서 수적 우위를 활용하는 전술은 스페인, 독일과 함께 가장 선진적이었다. 하지만 유로2016에서는 볼을 지배해도 득점으로 연결하기 어려운 경향이 뚜렷했다. 그 사실을 간파하고 대회 도중에 스타일을 바꾼 팀은 포르투갈뿐이다. 공격 위주든 수비 위주든 전술을 수행하도록 선수를 선별하는 능력도 놀랍지만, 정확한 선수 기용으로 수비 전술을 성공적으로 수행한 수완은 그야말로 엔지니어다웠다.

대표적 포메이션
포르투갈 국가대표팀(2016)

조별리그 3경기에서 모두 비겨 조 3위를 기록, 턱걸이로 토너먼트에 진출했다. 16강부터 수비 전술로 전환해 크로아티아를 연장 끝에 제쳤다. 폴란드와 1–1 무승부 후 승부차기로 이겼고, 웨일스를 2–0으로 꺾어 결승에 진출했다. 결승전에서 프랑스를 연장 접전 끝에 1–0으로 제압했다. 끈질기게도 '지지 않는' 축구를 고수해 이룬 우승이었다. 득점 시도보다 실점 방지에 초점을 맞춘 판단이 좋은 결과를 냈다. 포르투갈은 원래 공격적 팀이었지만, 산투스 감독은 그리스에서 수비 스타일에 대한 확신을 얻었다. 본선 중에 전술을 바꾼 용단과 실행력이 빛났다.

메커니즘

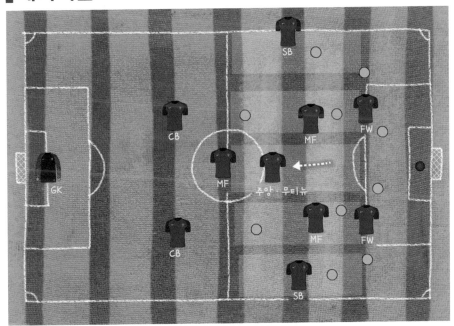

유로2016 우승의 동력은 수비였지만, 전술적으로는 조별리그에서 보여준 수비 스타일이 흥미롭다. 중원을 5등분하고 라인마다 선수를 배치해서 볼 점유율을 높이는 방법은 스페인, 독일과 같았다. 포르투갈의 특징은 주앙 무티뉴를 아래로 내려서 빌드업의 기점으로 삼는 것이었다. 공격할 때 '센터백(2인)+앵커'의 3인 조합이 상대 역습을 대비하고, 양 풀백이 높은 위치까지 전진한다. 중원에 다섯 명을 균형 있게 배치함으로써 수적 우위를 살려 볼을 점유했다.

바히드
할릴호지치

누구를 상대하더라도
우리보다 강하다고
인정하지 않는다.
설사 바르셀로나라고 해도
마찬가지다.

국 적	보스니아 헤르체고비나		애 칭	코치 바히드
생년월일	1952년 5월 15일			
유형	□ 열정형 □ 온화형 □ 냉정형 ☑ 이론형			
지도 경력	1990~1992 벨레즈 모스타르		2008~2010 코트디부아르 국가대표팀	
	1993~1994 보베		2010~2011 디나모 자그레브	
	1997~1998 라자 카사블랑카		2011~2014 알제리 국가대표팀	
	1998~2002 릴		2014 트라브존스포르	
	2002~2003 렌		2015~2018 일본 국가대표팀	
	2003~2005 파리 생제르맹		2018~2019 낭트	
	2005~2006 트라브존스포르		2019~ 모로코 국가대표팀	
	2006 알 이티하드			
주요 우승 기록	CFA챔피언스리그(1997), 모로코리그(1997, 1998), 프랑스컵(2003~04), 크로아티아리그(2010~11)			

▷ 프랑스와 아프리카를 누빈 승부사

풍부한 지식과 철저한 규율을 요구하는 타입으로 프랑스 시절 '코치 바히드'로 불렸다. 코트디부아르에서는 호화 멤버를 앞세워 공격적 스타일을 전개했고, 알제리에서는 상대에 맞춰 전술을 바꾸는 유연성을 발휘했다. 일본에서는 일대일 싸움을 강조했다. 조직적이고 치열한 플레이를 요구한다. 월드컵 아시아 예선 도중, 점유 스타일에서 선수비 후역습 전술로 전환해서 본선 티켓을 땄다. 양 측면 공간으로 발이 빠른 포워드를 투입하는 '빠른 직선 공격'을 실행했다.

할릴호지치는 일본 대표팀 감독으로 부임할 당시 승리를 모토로 삼았다. 과거 경력에서 알 수 있듯이 특정 플레이스타일을 고집하지 않고, 이기기 위해서 합리적 방법을 추구하는 타입이다. 분석력이 좋아서 상대하는 팀에 맞춰 선발진과 전술을 조정하는 능력이 뛰어나다. 2014년 브라질월드컵에서도 그 장점을 발휘했다. 강호 벨기에를 상대로 한 첫 경기에서 수비를 단단히 갖춰 상대를 괴롭혔으나 분패하고 말았다. 두 번째 경기인 대한민국전에서는 선발진을 다섯 명이나 바꿨다. 거의 같은 팀으로 한국과 러시아를 상대했다. 16강 독일전에서 다시 선발 11인 중 5인을 교체했다. 벨기에전 베스트11로 돌아간 것이 아니라 전부 다른 멤버가 나서 브라질월드컵 우승국인 독일과 연장전까지 가는 접전을 펼쳤다.

팀의 기본을 확실하게 정하고 경기의 내용을 예상해서 선수를 기용하는 필승 전략은 결국 이기기 위한 선택이다. 승리 지상주의자라 할 만하다.

바히드 할릴호지치의 전술 형태

기본 전술 위에 다양한 용병술을 활용하는 유연성

조직적인 수비 블록을 바탕에 깔고 날카로운 역습을 노리는 스타일을 기본으로 한다. 하지만 상대의 전력에 맞춰 유연하게 전술을 바꾼다. 브라질 월드컵에서 알제리는 포메이션을 4-2-3-1로 고정하면서, 상대와 경기 상황에 맞춰 선수를 달리 기용했다. 4-4로 구성하는 수비 블록이 베이스로, 해당 영역에서 볼을 빼앗아 반격을 노린다. 코트디부아르나 알제리 수준의 체력적 강점을 이용할 수 없는 일본 대표팀에서는 일대일 싸움의 중요성을 피력했다. 예전부터 할릴호지치는 맨투맨 방어의 장점과 선수들의 피트니스를 중시했다. 전술적 관점에서는 에메 자케나 디디에 데샹과 겹치는 부분이 있으므로, 선수비 후역습과 밸런스 계열의 중간쯤 된다고 볼 수 있다. 프랑스 리그의 표준형이라 해야 할지도 모르겠다.

페널티박스 안에서 승부를 걸 수 있는 스트라이커, 쉼 없이 오버래핑할 수 있는 지구력과 속도를 지닌 측면 자원, 볼을 잘 빼앗는 볼란치, 공격에서 변화를 줄 수 있는 창의적 2선 공격수를 갖추기만 하면, 객관적 전력이 우위인 팀과도 확실하게 싸울 수 있는 팀을 만들어낸다. 할릴호지치는 릴과 알제리에서 그런 능력을 입증했다.

일본 대표팀은 4인 존마킹에 익숙하지 않았기에, 아시아 예선 도중에 4-5-1 전환을 통해 중원의 숫자를 늘려 맨마킹 스타일을 지켰다.

대표적 포메이션
알제리 국가대표팀(2014)

2014 브라질월드컵 4경기에서 무려 20명을 기용했다. 4경기 모두 선발로 뛴 선수는 골키퍼 음볼리, 수비수 하릴셰, 미드필더 페굴리 3인뿐이었다. 첫 경기와 두 번째 경기에서 선발 11인 중 5명을 바꿨고, 세 번째와 네 번째 경기에서 다섯 명을 바꿨다. 대진 상대에 따라 선수 기용을 달리한다. 포메이션은 4-2-3-1로 고정하고, 견고한 4-4 수비 블록을 기본으로 한다. 일단 수비 블록을 세팅하면, 그 영역에서 전진하면서 적극적인 수비를 펼친다. 알제리 선수의 평균 키는 183cm로 대회 참가 32개국 중 9위였다. 체력적 강점을 살리는 동시에 조직력을 도모했다.

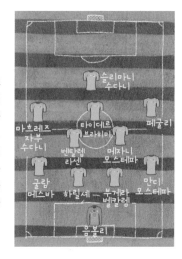

메커니즘

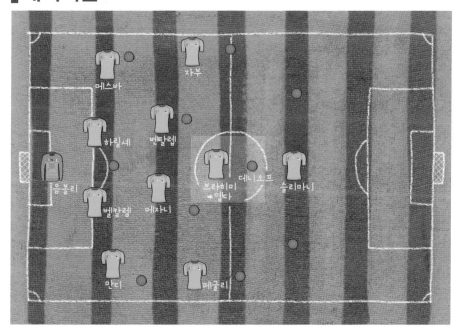

알제리에서는 2선 공격수로 두 명을 번갈아 기용했다. 패서(passer) 타입인 타이데르와 드리블러인 브라히미였다. 러시아전에서는 경기 중 옙다를 2선 공격수로 기용했다. 187cm인 옙다는 힘이 좋은 수비형 선수로서, 앵커 위치에서 경기를 만드는 러시아의 데니소프를 전방에서 막는 임무를 수행했다. 할릴호지치 감독은 상황 전개에 따라서 최적의 선수를 투입한다. 맞춤형 선수 기용이 가능할 정도로 선수층이 두터운지의 여부가 감독의 능력을 발휘할 수 있는 열쇠다.

02 | 아리고 사키
Arrigo Sacchi

구두 판매원에서
축구 역사를 혁신한 명감독으로!

프로축구 선수를 해본 적이 없는 구두 판매원에서 축구 감독으로 변신했다. 선수 경험이 없음을 지적하자 "좋은 기수가 되기 위해 먼저 말이 될 필요는 없다"라고 대답했다.

파르마에서 실력을 인정받은 아리고 사키는 베를루스코니 밀란 회장의 선택을 받았다. 이후 존마킹과 압박을 결합한 획기적 수비 전술을 만들어 밀란을 UEFA챔피언스리그 연패로 이끌었다.

사키 감독의 전술은 리버풀, 디나모 키예프 등에서 힌트를 얻었다. 맨투맨 중심인 이탈리아에서 완전한 존(zone) 시스템과 결합시킴으로써 압박 효율을 극대화했다는 점에서 혁명적이었다. 판바스턴, 훌리트가 구성한 투톱은 기술과 체격을 겸비한 무적이었다. 미드필드에는 만능형 레이카르

TECNICAL MEMO

플랫 4-4-2가 기본이다. 촘촘한 라인컨트롤로 수비 라인을 극도로 전진시켜 팀 전체를 콤팩트하게 유지한다. 공격수에서 수비수까지의 거리를 30m 이내로 좁히고, 그 영역을 존으로 나눠 정교한 압박과 커버링, 협력 수비로 상대의 플레이를 봉쇄한다. 볼을 빼앗으면 재빨리 공격으로 전환한다.

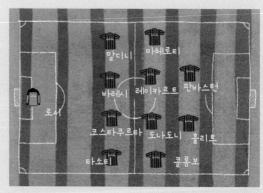

트와 달인의 기술을 지녔던 도나도니가 있었다. 수비진에서는 경기를 읽는 탁월함으로 라인을 조율하는 바레시를 중심으로 젊은 말디니, 코스타쿠르타, 타소티가 사상 최강의 백4 수비를 펼쳤다. 촘촘한 라인컨트롤로 수비 라인을 중앙선 바로 앞까지 끌어올렸다. 전방 공격수부터 후방 수비수까지의 거리를 30m 이내로 콤팩트하게 유지해 좁은 영역 안에서 조직적으로 상대를 압박했다.

새로운 전술에 당황한 상대는 패스를 제대로 연결하지 못했다. 볼을 빼앗는 위치가 대부분 상대 진영이었기 때문에 공격으로 직결되었다. 볼을 빼앗는 순간 기동력을 발휘해 상대 골문으로 돌진하는데, 당시 이런 콤팩트 축구는 이례적이었다.

크루이프가 기술 축구의 왕도를 부활시켰다고 한다면, 사키는 과학적 접근론으로 축구사에 한 획을 그은 혁신가였다.

Arrigo Sacchi

【경력】 명문 밀란의 감독으로 취임하자마자 리그 우승, 챔피언스리그 연패를 달성했다. 밀란을 떠나 이탈리아 국가대표팀과 함께 1994 미국월드컵에서 준우승했다. 그러나 획기적 전술이 보급되자 사키의 존재감은 희미해졌다.

CHAPTER **3**

밸런스 축구 계열

Balance

극단으로 공격적이거나 극단으로 수비적이지 않다.
만능형 팀을 만드는 타입의 감독이 대부분이다.
어느 쪽에도 치우치지 않아 어정쩡하다는 평가도 부정할 수는 없지만,
어떤 팀과도 싸울 수 있다는 장점이 있다.
사람의 마음을 사는 능력도 뛰어나서 전술가라기보다 팀 관리에 능한 감독이 많다.

조제
모리뉴

경기 전후 취재진을
대할 때도
경기의 일부라는
생각으로 임한다.

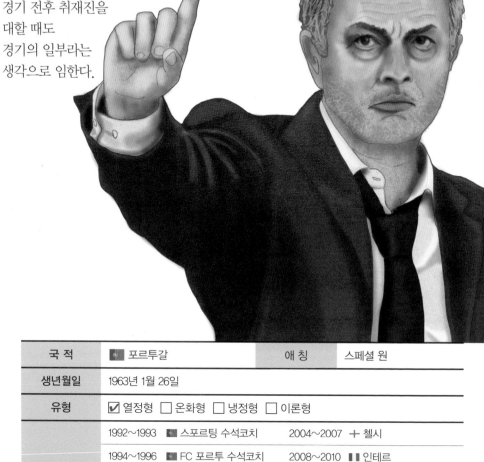

국 적	포르투갈		애 칭	스페셜 원
생년월일	1963년 1월 26일			
유형	☑ 열정형 ☐ 온화형 ☐ 냉정형 ☐ 이론형			
지도 경력	1992~1993 스포팅 수석코치		2004~2007 ✚ 첼시	
	1994~1996 FC 포르투 수석코치		2008~2010 인테르	
	1996~2000 바르셀로나 통역 겸 코치		2010~2013 레알 마드리드	
	2000 벤피카		2013~2015 ✚ 첼시	
	2001~2002 우니온 데 레이리아		2016~2018 ✚ 맨체스터 유나이티드	
	2002~2004 FC 포르투			
주요 우승 기록	포르투갈 리그(2002~03, 2003~04), UEFA유로파리그(2002~03, 2016~17), UEFA 챔피언스리그(2003~04, 2009~10), 프리미어리그(2004~05, 2005~06, 2014~15), 세리에A(2008~09, 2009~10), 라리가(2011~12)			

▷ 합리적인 우승 해결사

부친은 포르투갈 국가대표팀 골키퍼 출신이자 축구 감독이었는데, 모리뉴는 상대 팀을 정탐해 아버지를 도왔다고 한다. 부친이 크리스마스에 해임 당한 경험은 본인이 감독이 된 이후까지 영향을 끼쳤을지 모른다.

그는 스스로 "이류 선수였다"라고 인정한다. 일찍 현역에서 은퇴한 뒤 지도자로 전향했다. 스코틀랜드에서 영어를 배운 뒤에 스포르팅에서 보비 롭슨 감독의 통역으로 일했다. 롭슨과 함께 FC 포르투와 바르셀로나로 이적했고, 루이스 판 할 감독 시절에는 수석코치로 일했다. FC 포르투에서 감독으로서 수완을 발휘해 2003~04 UEFA챔피언스리그에서 우승했다. 첼시, 인테르, 레알 마드리드까지 명문 구단만 거치면서 많은 우승 트로피를 들어올린 명장이다.

모리뉴 감독은 승리 지상주의자 또는 수비만 한다는 비난을 받곤 한다. 하지만 승리지상주의자라 해서 무조건 수비 축구는 아니다. FC 포르투 시절부터 일관되게 공수 균형을 중시하는 정통파 스타일이라 할 수 있다. 단, 강팀을 상대하는 경기에서는 철저한 수비 전술로 이길 때가 많아서 수비적이라는 이미지가 생겼다. 공수 어느 한쪽에 치우치지 않기에 강팀과도 대등하게 싸울 수 있고 약팀과의 경기에서 질 확률이 낮다. 타이틀을 노리면서도 합리적 스타일을 유지한다고 할 수 있다.

기자회견에서 취재진이나 상대 감독을 도발하는 일이 잦아 물의를 일으키곤 한다. 그러나 팀 내 평판은 아주 좋다. 적군과 아군을 구분할 줄 안다는 뜻이다.

조제 모리뉴의 전술형태

우승은 할지라도 3년차 징크스는 반복된다

모리뉴 감독의 팀빌딩은 거의 일관된다. 우선 A급 골키퍼와 센터백을 갖춘다. 미드필드에는 수비력이 강한 선수 1인, 창의적인 선수 1인을 각각 세운다. 전방에는 혼자 골을 넣을 수 있는 스트라이커가 나선다. 어떤 팀을 맡아도, 라인별로 중앙에 세우는 선수 타입이 동일하다. 굵직한 뼈대를 세우고 나머지 가지를 붙이는 방식이다. 팀의 정비에 오랜 시간이 걸리지 않는다. 모리뉴가 이끈 구단은 대부분 2년 이내에 타이틀을 획득했다.

세 번째 시즌이 되면 성적 부진으로 사임하는 패턴이 반복되고 있다. 팀을 빨리 만들지만, 그 이상으로 발전하지 못하는 것이다. FC 포르투 이후엔 강호만 맡았으므로 대부분 공격으로 이겨야 하는 경기였다. 하지만 라이벌전이나 UEFA챔피언스리그에서 객관적 전력이 앞서는 팀을 상대할 때는 수비를 마다하지 않는다. 균형이 잘 잡힌 팀을 만든다고 할 수 있는데, 공격이나 수비 어느 쪽이 특화되지 않아서 경기를 읽히면 기본 실력 이상을 발휘하지 못한다.

3년차 징크스에서 벗어나려면 중심 선수를 쇄신하면서 다음 사이클을 준비해야 한다. 하지만 그런 작업은 큰돈을 써야만 가능하다. 2016년부터 이끌었던 맨체스터 유나이티드에서도 부임 첫 시즌에 UEFA유로파리그를 차지했지만, 세 번째 시즌 초반부터 극도의 부진에 빠져 결국 해를 넘기지 못했다.

대표적 포메이션
첼시(2005~06)

프리미어리그를 연패한 첼시는 모리뉴 감독의 선수 기용 특징을 잘 나타낸다. 골키퍼는 당대 세계 최고로 불린 체흐였다. 존 테리와 히카르두 카르발류가 센터백 조합을 꾸몄고, 중앙 미드필더로 마켈렐레와 램파드가 있었다. 전방 스트라이커 드로그바까지 넣어 팀의 뼈대를 구성했다. 측면에 기술과 속도를 겸비한 조 콜과 로번이 빠른 역습을 이끌었다. 공수 만능인 에시앙과 램파드를 중심으로 한 패스워크도 좋았고, 급할 때 나오는 드로그바의 공중 파워 플레이도 효과 만점이었다. 어떤 상대, 어떤 상황에도 대응할 수 있는 편성이었다.

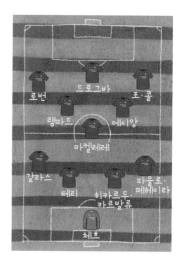

메커니즘

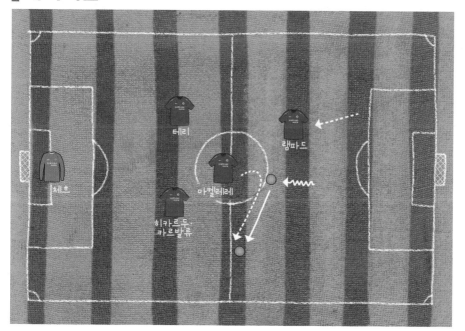

공격에서 수비로 전환할 때 중요한 역할을 하는 선수가 바로 마켈렐레다. 볼 탈취 능력이 좋아서 상대팀에겐 피하고 싶은 선수다. 혼자 두 명을 마크하는 기동력도 좋았다. 따라서 상대가 역습을 시도하다가 지연될 때가 많았다. 주춤하는 동안 램파드나 에시앙에게 덜미를 잡히곤 한다. 단단한 수비 블록이 한 번 들어서면 여간해서 뚫기 어렵다. 통과해도 테리와 카르발류의 강력한 방어가 기다린다. 모리뉴 감독은 어떤 팀에서나 마켈렐레와 비슷한 타입을 반드시 기용한다.

카를로
안첼로티

내 방식을 강제하지 않는다.
선수들에게 지금 하고 있는
것들의 의미를 이해시켜야 한다.

국 적	▮▮ 이탈리아	애 칭	—
생년월일	1959년 6월 10일		
유형	☐ 열정형 ☑ 온화형 ☐ 냉정형 ☐ 이론형		
지도 경력	1995~1996 ▮▮ 레지나		2011~2013 ▮▮ 파리 생제르맹
	1996~1998 ▮▮ 파르마		2013~2015 ▬ 레알 마드리드
	1999~2001 ▮▮ 유벤투스		2016~2017 ▬ 바이에른 뮌헨
	2001~2009 ▮▮ AC 밀란		2018~ ▮▮ 나폴리
	2009~2011 ✚ 첼시		
주요 우승 기록	UEFA챔피언스리그(2002~03, 2006~07, 2013~14), 세리에A(2003~04), 코파이탈리아(2002~03), FIFA 클럽월드컵(2007, 2014), 프리미어리그(2009~10), FA컵(2009~10), 리그앙(2012~13), 코파델레이(2013~14), 분데스리가(2016~17)		

▷ 밸런스 축구의 최고봉에 뛰어난 처세술까지

현역 시절 파르마, 로마, 밀란에서 뛰었다. 주장을 역임했던 로마에서 1982~83시즌 세리에A 우승을 차지했다. 밀란에서는 아리고 사키 감독 아래서 UEFA챔피언스리그 연패에 공헌했다. 이탈리아 국가대표팀에서도 공수 균형이 뛰어난 미드필더로 활약했다.

레지나에서 감독으로 데뷔했다. 한 시즌 만에 세리에A 승격을 이룬 뒤에 당시 빅클럽이었던 파르마 감독으로 부임했다. 이어 명문 유벤투스의 지휘봉을 잡았으나 최고 성적은 리그 2위에 그쳤다. 지도자로서 첫 타이틀은 밀란의 UEFA챔피언스리그 우승(2002~03)이었다. 밀란에서는 피를로를 앵커로 기용한 판단이 적중해 2006~07시즌에도 UEFA챔피언스리그를 거머쥐었다.

이탈리아를 떠나 처음 맡은 팀인 첼시에서는 2009~10시즌 프리미어리그를 차지했고, 파리 생제르맹에서 19년 만의 리그 우승을 이끌었다. 2013~14시즌엔 레알 마드리드 감독으로 리그 3위에 그쳤지만, 코파델레이와 개인 통산 세 번째, 구단 통산 열 번째 UEFA챔피언스리그(라데시마) 우승을 달성했다.

"선수보다 중요한 시스템은 없다. 회장보다 중요한 시스템도 없고"라는 발언처럼 안첼로티는 스타 선수를 존중하는 동시에 회장의 의향에 절대 반하지 않는다. 소위 사회생활을 아주 잘하는 감독으로 인기가 좋다. 다양한 난제를 처리하고 팀을 승리로 인도하는 능력이 뛰어나다. UEFA챔피언스리그 역사에서 3회 우승 감독은 리버풀의 밥 페이즐리, 레알 마드리드의 지네딘 지단, 안첼로티 3인뿐이다. 선수 통솔 능력, 전술 지식, 때와 장소를 가릴 줄 아는 언행까지 밸런스 축구를 실천하는 최고봉이라 할 수 있다.

카를로 안첼로티의 전술 형태

핵심 선수의 능력을 극대화하는 시스템

'선수가 가장 중요하다'는 것은 팀빌딩의 철칙이지만 안첼로티 감독만큼 충실하게 실행하는 지도자도 드물다. 파르마에서는 사키로부터 직접 배운 4-4-2 압박 스타일, 유벤투스에는 지단을 공격형 중앙 미드필더로 놓은 4-3-1-2, 밀란에서는 피를로를 앵커로 꽃피운 4-3-2-1 전술을 구사했다. 모두 핵심 선수의 능력을 극대화하는 시스템을 고안해 팀 경기력을 최고로 끌어올린 것이다.

전술적으로는 평범할지 모르나 특별한 장점이 있는 선수를 다루는 요령이 좋다. 스타들이 즐비한 팀을 맡기면 거의 확실하다. 단, 최적의 밸런스를 찾기까지 시간이 걸리는 탓에 부임 초반에 어려움을 겪기도 한다. UEFA챔피언스리그 2회 우승 등 온갖 타이틀을 획득했던 밀란에서도 세리에A 우승은 한 번뿐이었다. 2013~14시즌 레알 마드리드에서도 쑥스러운 리그 3위에 그쳤지만, 후반기에 4-4-2를 변형한 4-3-3으로 바꾸면서 코파델레이와 UEFA챔피언스리그를 차지했다. 시즌 종반에 강한 타입이라고 할 수 있다. 바이에른 뮌헨에서 두 번째 경질을 겪었을 시점도 시즌 전반기였다.

밀란 시절 실비오 베를루스코니, 첼시의 로만 아브라모비치, 레알 마드리드의 플로렌티노 페레스 등 강한 캐릭터의 구단주 및 회장과 모두 좋은 관계를 유지했다. 선수들에서 신뢰도 두터워 이상적 중간 관리자라 할 수 있다.

대표적 포메이션
AC 밀란(2006~07)

공격형 미드필더였던 피를로를 중원 아래 지점에 기용해 빌드업을 안정화 했다. 수비에서는 가투소와 암브로시니가 피를로를 지원했다. 공격형 미드필더를 광범위하게 활용해 역습과 점유 축구에 모두 대응했다. 골잡이 인자기가 원톱에 섰다. 피를로의 앵커 기용은 감독의 발상이라기보다 해당 포지션을 경험했던 피를로의 제안이었다는 것이 안첼로티의 특징을 말해준다. 피를로와 가투소 콤비는 이탈리아 대표팀에서도 동일하게 기동해 2006 독일월드컵 우승의 원동력이 되었다. 앵커 활용의 신개념을 만들었다고 할 수 있다.

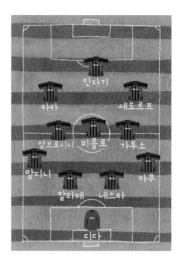

메커니즘

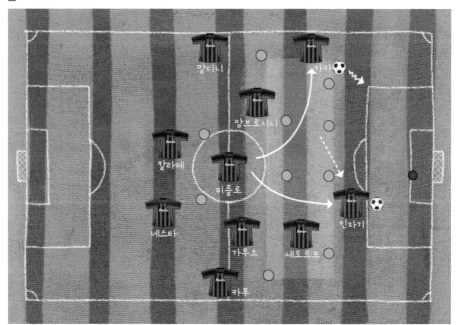

예전에는 수비력이 좋은 선수가 기용되던 앵커 포지션에 피를로를 세운 것이 안첼로티 감독의 성공 비결이었다. 이전에도 바르셀로나의 과르디올라, 레알 마드리드의 레돈도 등의 사례가 있었다. 1960년대 이탈리아에서도 이 포지션에 테크니션을 기용하는 것이 대세였으므로 온고지신 형태의 혁신이라 할 수 있다. 피를로의 볼 배급 능력을 살려서, 후방에서 단번에 상대의 수비 뒷공간을 찔러 중원의 압박을 건너뛴다는 것이 최고의 장점이다.

지네딘 지단

나는 예전에 나름대로 좋은 선수였다.
어떻게 하면 내 생각대로
팀을 돌아가게 하는지를 알고 있다.

국 적	🇫🇷 프랑스		애 칭	지주(ZIZOU)
생년월일	1972년 6월 23일			
유형	☐ 열정형 ☑ 온화형 ☐ 냉정형 ☐ 이론형			
지도 경력	2013~2014 🇪🇸 레알 마드리드 수석코치			
	2014~2016 🇪🇸 레알 마드리드 카스티야			
	2016~2018 🇪🇸 레알 마드리드			
	2019~ 🇪🇸 레알 마드리드			
주요 우승 기록	챔피언스리그(2015~16, 2016~17, 2017~18), 라리가(2016~17), 클럽월드컵 (2016, 2017)			

▷ 슈퍼스타에서 명장으로

1988년 AS 칸에서 프로 데뷔해 보르도를 거쳐 유벤투스와 레알 마드리드에서 맹활약했다. 설명이 필요 없는 슈퍼스타이다. 2009년 당시 조제 모리뉴 감독의 요청을 받아 1군 코칭스태프에 합류했다. 스포팅디렉터를 거쳐 2013~14시즌에 카를로 안첼로티 감독의 수석코치로 일했다. 2014~2016년 레알의 리저브팀인 카스티야를 지도했다. UEFA 3급 지도자 자격증이 없어 정식 직함은 부감독이었다.

2016년 1월 라파엘 베니테스 감독이 해임되자 레알의 지단 감독이 탄생했다. 2015~16 UEFA챔피언스리그 결승까지 진출해 아틀레티코 마드리드를 승부차기 끝에 제압하고, 구단 통산 11회 우승을 달성했다. 같은 시즌 라리가 우승을 놓치긴 했지만, 2016~17시즌까지 구단의 연속 무패 신기록 (40경기)을 갱신했다. 2016~17시즌에는 라리가와 UEFA챔피언스리그에서 더블을 달성했다.

압도적 카리스마와 온화한 성격으로 선수들로부터 신뢰가 두텁다. 에메 자케, 마르첼로 리피, 카를로 안첼로티, 비센테 델 보스케 등 명장 아래서 뛰었으며 모리뉴의 레알에도 동참했다. 안첼로티의 수석코치로도 경험을 쌓았는데, 지도 스타일은 안첼로티 쪽에 가깝다. 선수의 능력을 최대한 살리는 것을 최우선으로 삼는다. 승부처가 되는 경기에서는 임기응변 전술을 구사한다.

전술 형태

지네딘 지단의

선수들을 포용하면서, 때에 따라 현실적인 지휘를!

압도적 스쿼드를 자랑하는 레알의 감독이 풀어야 할 과제는 통솔력 유지와 수비 조직 구축이다. 현역 은퇴 후 10년이 지났지만, 지단은 레알의 스타 선수들조차 동경하는 대상인 덕분에 선수단 통솔에는 문제가 없다. 물론 감독으로서 역량이 부족하면 구심점이 되지 못하겠지만, 감독 부임 50경기에서 단 2패만 기록하며 의문이 제기되었던 지도자 능력을 입증했다.

레알의 선수 충원은 명품 컬렉션에 가깝다. 공격진에 거물급만 수집하는 경향이 있기 때문에 역대 감독은 항상 공수 밸런스를 찾는 일에 어려움을 겪었다. 지단 감독도 예외는 아니었지만 카세미루를 앵커로 세워 적절한 균형을 맞추었다. 레알은 대부분 경기에서 공격적 구성으로 나서지만, 바르셀로나처럼 공격력이 강한 상대와 만나면 수비형인 카세미루를 기용하거나 포메이션을 4-3-3에서 4-4-2로 변경함으로써 현실적으로 대응한다.

현역 시절의 지단은 점잖고 어른스러운 성격이었지만, 아주 가끔 격분해서 퇴장 당하는 장면도 있었다. 득점을 양산하는 타입이 아니면서도 월드컵 결승전에서 두 차례 골을 넣었다. 2001~02 UEFA챔피언스리그 결승전의 발리슛은 전설로 남았다. 감독으로서도 그런 양면성을 갖고 있을지 모른다. 혁신가라고 하기는 어렵지만, 부임 첫해부터 시작해 UEFA챔피언스리그 3연패란 위업을 달성했다.

대표적 포메이션
레알 마드리드(2016~17)

레알의 간판인 BBC 라인(베일, 벤제마, 호날두)에서 베일이 다치자 이스코를 공격형 미드필더로 세운 4-4-2로 UEFA챔피언스리그 연패를 달성했다. 카세미루를 앵커로 세워 과제였던 수비 안정을 해결했다. 모드리치, 크로스, 이스코의 패스워크로 경기 주도권을 쥔다. 에이스인 호날두는 예전만큼 넓은 영역을 커버하기보다 문전 플레이에 집중해 결정적 득점을 양산한다. 공격적인 양쪽 풀백(카르바할, 마르셀루)의 활약도 크다. 모든 포지션에 포진한 초특급 선수, 구멍이 없는 공수 능력으로 상대를 압도하는 경기력이 레알의 강점을 잘 나타낸다.

메커니즘

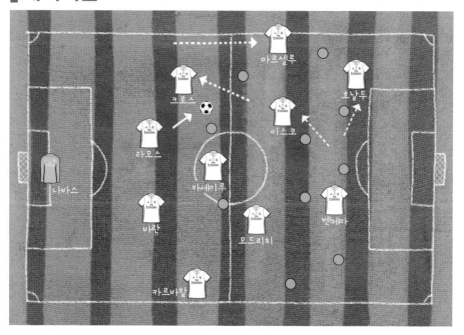

레알이 강점을 보이는 빌드업 형태. 센터백과 풀백 사이에 크로스(또는 모드리치)가 내려와 볼을 받는다. 그때 풀백은 높은 위치까지 전진한다. 상대 미드필더와 수비수 사이에 이스코가 자리를 잡는다. 호날두, 벤제마 투톱은 대각선 방향으로 쇄도해서 상대 수비 라인의 뒤를 노린다. 패스 성공률이 매우 높은 모드리치와 크로스가 빌드업을 맡아 패스워크가 안정적으로 운영된다. 동시에 풀백의 공격력도 살릴 수 있다.

마시밀리아노 알레그리

축구도 인생과 마찬가지다.
누군가를 흉내 내는 것은
불가능하다.

국 적	🇮🇹 이탈리아		애 칭	막스
생년월일	1967년 8월 11일			
유형	☐ 열정형 ☐ 온화형 ☑ 냉정형 ☐ 이론형			
지도 경력	2003~2004 🇮🇹 아리아네세		2008~2010 🇮🇹 칼리아리	
	2004~2005 🇮🇹 SPAL		2010~2014 🇮🇹 AC 밀란	
	2005~2006 🇮🇹 그로세토		2014~2019 🇮🇹 유벤투스	
	2007~2008 🇮🇹 사수올로			
주요 우승 기록	세리에A(2014~15, 2015~16, 2016~17, 2017~18, 2018~19), 코파이탈리아(2014~15, 2015~16, 2016~17, 2017~18)			

▷ 선수의 능력을 살리면서 밸런스를 갖춘 팀을 구축

세리에C의 사수올로를 세리에B로 승격시키면서 주목받았다. 처음 맡은 세리에A 감독직이었던 칼리아리를 9위에 올린 공적으로 '올해의 감독'에 선정되었다. 2010~11시즌부터 명문 AC 밀란을 이끌어 세리에A 우승을 차지했다. 2014년부터는 유벤투스의 지휘봉을 잡아 리그 5연패를 달성했다. UEFA챔피언스리그에서도 2시즌 연속으로 결승에 진출했다.

알레그리 감독은 공격적 팀을 만들지만 공격 일변도가 아니라 공수의 균형을 중시한다. 포메이션을 중원 다이아몬드 형태로 운영하는 4-4-2, 4-2-3-1, 3-5-2 등 다양하게 구사하는 전술적 해박함이 특징이다.

유벤투스를 맡은 두 번째 시즌(2014~15)에는 피를로, 테베스, 비달을 중심으로 팀을 재편했다. 초반 고전을 극복한 끝에 세리에A 타이틀 방어에 성공했다. 선수에 맞춰 시스템을 구축하는 수완이 빛나는 순간이었다.

2016~17시즌은 세리에A 3연패와 함께 두 번째 UEFA챔피언스리그 결승전 진출에 성공했다. 젊은 디발라를 공격의 중심으로 삼고, 퍄니치를 볼란치로 기용해 경기 조율자로서의 새로운 능력을 발굴했다. 문전에 집중하는 골잡이 스타일인 만주키치를 라이트백으로 보직 변경한 것도 해당 시즌의 히트 작품이었다. 만주키치가 예전에 풀백 포지션을 경험했다고는 하지만, 스트라이커로 스타가 된 선수다. 그런 선수를 다시 풀백으로 기용해 풍부한 운동량을 살림으로써 팀 전체의 플레이스타일 폭을 넓혔다. 선수의 능력을 활용해 팀 전체의 퀄리티를 올리는 실용적 지도력이었다.

마시밀리아노
알레그리의
전술 형태

전술에 선수의 능력을 곱하다

풍부한 전술 지식과 선수의 능력을 배가하는 능력이 탁월하다. 유벤투스를 맡기 시작한 2014~15시즌, 팀에는 전임자 콘테 감독의 스타일이 굳어져 있었다. 알레그리는 콘테의 축구를 계승하면서도 다소 변화를 주었다. 밀란 시절 채택한 적이 있는 4-3-1-2도 유벤투스에서는 선수들에게 맞춰 조정하는 모습을 보였다.

4-3-1-2에서는 보통 스트라이커 뒤에 뛰어난 패서를 기용한다. 알레그리 감독이 해당 위치에 둔 선수는 운동량이 강점인 비달이었다. 일반적으로 4-3-1-2는 볼란치 3인이 확실하게 수비하면서 2선 공격형 미드필더가 플레이메이킹을 담당한다. 이때 유벤투스의 앵커 포지션에는 볼 배급 능력이 뛰어난 피를로가 있었다. 알레그리 감독은 기존대로 피를로를 중심으로 삼고, 스트라이커 뒤에 있는 비달은 포워드처럼 적극적으로 전방으로 쇄도하거나 수비 시 피를로를 돕도록 했다.

고정관념에 따르기보다 선수의 개성을 조합해서 기존과는 조금 다르게 작동하는 시스템을 정착시킨다. 전술을 고수하거나 선수에게만 맡기는 스타일이 아니다. 둘 사이에서 안정적으로 균형을 잡는 감독이 알레그리다. 피를로, 테베스, 비달, 포그바가 팀을 떠난 뒤에는 퍄니치를 피를로의 후임으로 삼았다. 디발라는 4-2-3-1에서 공격형 중앙 미드필더로 만개했다.

대표적 포메이션
유벤투스(2014~15)

세리에A 3연패를 달성한 콘테 감독이 이탈리아 국가대표팀 감독으로 가자, 후임자 알레그리는 콘테의 백3를 백4로 전환했다. 앵커인 피를로에게는 기존대로 빌드업 역할을 맡겼고, 비달에게는 스트라이커 뒤에서 운동량을 살려 공격 시엔 투톱을, 수비 시엔 피를로의 커버링을 지원하도록 주문했다. 골키퍼 부폰, 센터백 보누치, 키엘리니 3인은 이탈리아 대표팀 수비를 책임지는 철벽 수비 라인이다. 해당 시즌 공수에서 포그바가 재능을 빛냈고, 테베스와 모라타 투톱 조합도 잘 맞아 빈틈없는 팀이 완성되었다.

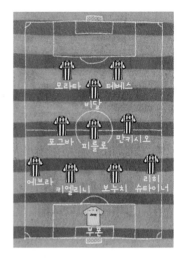

메커니즘

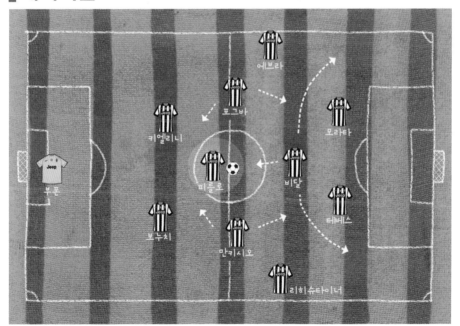

콘테 감독 시절에는 피를로의 롱패스로 단번에 슈팅 가능 지점까지 연결하는 플레이를 장기로 삼았다. 2014~15시즌 알레그리는 기존 스타일에서 탈피하기로 했다. 피를로의 좌우에 공수 양면으로 지원하는 만키시오와 포그바를 배치해 측면을 강화했다. 하지만 투톱 뒤에 비달을 배치해서 미드필더와 포워드 사이의 영역을 거치는 숏패스 빌드업 비율을 높였다. 피를로 중심 전술인 동시에 탈(脫) 피를로 전술이기도 했다.

우나이
에메리

현재, 현재, 그리고 현재!
미래를 결정하는 것은 현재이며
나는 현재에 살고 있다.

국 적	🇦🇷 스페인		애 칭	—
생년월일	1971년 11월 3일			
유형	☐ 열정형 ☐ 온화형 ☑ 냉정형 ☐ 이론형			
지도 경력	2004~2006 🇪🇸 로르카 데포르티바			
	2006~2008 🇪🇸 알메리아			
	2008~2012 🇪🇸 발렌시아			
	2012 🇷🇺 스파르타크 모스크바			
	2013~2016 🇪🇸 세비야			
	2016~2018 🇫🇷 파리 생제르맹			
	2018~ ✚ 아스널			
주요 우승 기록	UEFA유로파리그(2013~14, 2014~15, 2015~16), 리그앙(2017~18), 프랑스컵 (2016~17, 2017~18), 프랑스리그컵(2016~17, 2017~18)			

▷ 젊은 천재 감독의 유연성

33세에 부상으로 현역에서 은퇴했다. 얼마 지나지 않아 로르카를 맡아 구단 역사상 첫 2부 승격을 달성했다. 이어 UD 알메리아 감독으로서 1부 승격, 다음 시즌에 리그 8위로 구단 역대 최고 순위 기록을 작성했다. 능력을 인정받아 36세라는 젊은 나이에 발렌시아 감독으로 취임했다. 에메리는 부진에 빠진 발렌시아를 두 번째 시즌부터 3시즌 연속 3위에 올렸다.

2013년부터 맡은 세비야에서는 UEFA유로파리그 3연패의 위업을 달성했다. 2016~17시즌부터 파리 생제르맹(PSG)의 지휘봉을 잡아 첫 시즌 리그앙에서 우승했다. 2018년 여름 아스널 감독으로 프리미어리그에 입성했다. 아르센 벵거의 거대한 그림자 아래서도 첫 시즌을 침착하게 리그 5위로 마쳐 능력을 입증했다. 젊은 천재 감독으로 불리지만 수완은 노련하다. 다양한 시스템을 상황에 맞게 쓰는 전술 구사 능력을 자랑한다. 공격적이긴 하지만 전체적으로 균형을 지켜 기복이 적은 팀을 만든다.

2016~17 UEFA챔피언스리그에서 PSG는 홈에서 바르셀로나를 4-0으로 대파했다. 바르셀로나의 라이트백 세르지 로베르토를 봉쇄하는 동시에 효과적 역습으로 얻은 쾌승이었다. 국내 리그에서는 압도적 전력으로 공격만 하는 PSG를 바르셀로나전에 맞게 바꿔 결과를 낸 것이다. 그러나 원정에서 너무 수비에 치중해 1-6 대역전패를 당했다. 4골 앞선 상태에서 치르는 누캄프 원정이었으니 이해가 된다. 2017~18시즌 네이마르와 음바페가 합류했다. 네이마르를 앞세워 UEFA챔피언스리그에서 우승한다는 구단주(카타르 투자청)의 시나리오에 의한 팀빌딩은 팀 내에서 각종 불협화음만 일으켰다. 하지만 에메리 감독은 어떻게든 팀을 정상 궤도 위에서 달리게 하는 유연성을 보였다.

한계를 역으로 이용해 기회를 노리다!

PSG는 카타르의 국책 구단이라 해도 무방하다. 카타르 정부는 2022년 월드컵 개최를 지렛대 삼아 스포츠 진흥에 힘을 쏟고 있다. 역대 최고액 이적료를 지불해 바르셀로나의 네이마르를 데려온 것도 그런 정책의 일환이었다. 네이마르를 2022년 월드컵의 홍보 모델로 활용하는 동시에, 바르셀로나의 전력을 약화시켜 PSG의 UEFA챔피언스리그 우승을 이룬다는 계산이다.

물론 네이마르 합류는 큰 전력 강화 요소다. 하지만 브라질 스타의 특별대우에 반감을 품는 선수들이 있고, 에메리 감독은 네이마르를 빛나게 하면서 팀의 단결을 유지해 승리를 이어간다는 과제를 풀어야 했다. 다른 선택지가 없었다. 감독의 재량이 크게 제한된 상황에서 팀을 지휘해야 하는 고충이 있었다. 그는 네이마르가 브라질 국가대표팀처럼 왼쪽 측면 포지션에서 자유롭게 뛰게 했다. 전 소속팀 AS 모나코에서 레프트윙이었던 음바페를 오른쪽 측면으로 보내 네이마르와 음바페, 카바니로 구성된 강력한 스리톱을 가동했다. UEFA챔피언스리그에서는 3인의 파괴력을 극대화하기 위해서 의도적으로 뒤로 물러난 뒤 역습을 노리는 등, 컵 대회에 강한 에메리 감독다운 판단을 선보였다.

스타 군단 PSG 선수들의 자존심을 잘 컨트롤해서 결과를 내게 되자, 에메리와 같은 조정형 감독에 대한 평가가 일시에 높아지게 되었다.

대표적 포메이션
파리 생제르맹(2017~18)

슈퍼스타 네이마르의 가세로 숙원인 유럽 정복을 노릴 스쿼드를 갖췄다. 음바페, 카바니, 네이마르의 스리톱은 UEFA챔피언스리그에서도 정상급 파괴력을 뽐냈다. 중원에도 라비오, 베라티, 티아고 모타처럼 기술과 수비력을 겸비한 선수들을 보유했다. 수비진에는 다니 아우베스를 영입해 마르키뇨스, 티아구 시우바와 함께 브라질 대표 3인을 갖췄고, 레프트백에 프랑스 대표 퀴르자와까지 면면이 화려하다. 유일한 약점으로 지적되는 골키퍼 포지션도 1년 뒤 부퐁을 영입해 화룡점정을 찍었다.

메커니즘

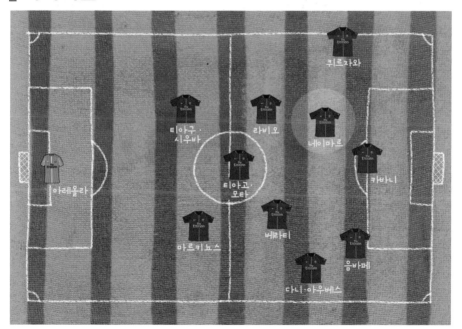

지공(遲攻) 시 네이마르가 중앙으로 들어간다. 상대 수비수와 미드필더 사이의 공간으로 패스를 받아 '10번'의 기능을 수행한다. 풀백은 높은 위치까지 전진해 공격의 폭을 확보한다. 세련된 패스워크의 미드필드진과 네이마르의 연계로 상대 수비를 허문다. 음바페와 네이마르의 속도를 활용한 역습은 모든 상대 팀에 큰 위협이다. 하지만 네이마르 중심 전술인 탓에 주인공의 컨디션에 좌우된다는 문제는 있다.

호세
페케르만

유소년 감독은
항상 1군 감독이 될 수 있지만
그 반대는 어렵다.

국 적	🇦🇷 아르헨티나		애 칭	—
생년월일	1949년 9월 3일			
유형	☐ 열정형 ☑ 온화형 ☐ 냉정형 ☐ 이론형			
지도 경력	1981~1982	🇦🇷 차카리타 유소년		
	1982~1992	🇦🇷 아르헨티노스 유소년		
	1992~1994	🇨🇱 콜로콜로 유소년		
	1994~2001	🇦🇷 아르헨티나 U20 국가대표팀		
	2004~2006	🇦🇷 아르헨티나 국가대표팀		
	2007~2008	🇲🇽 톨루카		
	2009	🇲🇽 티그레스		
	2012~2018	🇨🇴 콜롬비아 국가대표팀		
주요 우승 기록	FIFA U20월드컵(1995, 1997, 2001), 남미유스챔피언십(1997, 1999)			

▷ 정이 넘치는 육성 스페셜리스트

28세로 현역에서 은퇴하고 택시 운전수 등 여러 직업을 전전했다. 차카리타, 아르헨티노스, 콜로콜로의 유소년팀을 지도했던 무명의 페케르만이 아르헨티나 U20 국가대표팀 감독으로 발탁된 것은 놀라운 일이었다. 축구협회에 제출한 강화 계획안이 인정받은 것이다.

페케르만이 지도한 U20 대표팀은 월드컵에서 세 차례(1995, 1997, 2001) 우승을 차지했다. '페케르만 보이즈'로 불리는 사비올라, 리켈메, 아이마르, 캄비아소, 사무엘 등은 성인 대표로 성장했다. 1998년 프랑스월드컵 후 페케르만은 대표팀 감독직 제안을 고사했다. 대신 비엘사를 추천하고 본인은 총감독으로 부임했다.

2004년 비엘사 감독의 사임으로 드디어 페케르만이 대표팀 감독직에 앉았다. 2006년 독일월드컵 예선에서 네덜란드, 코트디부아르, 세르비아&몬테네그로가 들어간 죽음의 조를 돌파했지만, 8강전에서 독일에 승부차기로 패했다.

멕시코를 잠시 거친 뒤에 2012년 콜롬비아 국가대표팀 감독으로 부임했다. 남미 예선을 거쳐 출전한 2014년 브라질월드컵에서 8강 진출이란 성과를 남겼다. 콜롬비아의 월드컵 8강은 1990년 이후 최고 성적이었다. 독일월드컵에 이어 8강에서 개최국과 만난 대진이 불운이었다고 해야 할지도 모르겠다.

전술가의 면모도 있지만, 페케르만의 본질은 인재를 키우는 능력이다. 가난한 가정의 선수를 개인적으로 지원하는 등 인정이 많다. 온화하고 대인관계도 부드럽다. 팀의 규율과 일체감을 만들어내는 캐릭터이기도 하다.

호세 페케르만의 전술 형태

전술로 선수를 묶지 않는다!

저연령 대표팀 시절부터 공격력에 정평이 나 있었다. 상쾌하게 숏패스를 돌리면서 압도적 공격력으로 상대를 쥐어짠다. 아르헨티나에서는 메노티파(공격형)와 빌라르도파(수비형)로 분류하는 전통이 있는데 페케르만은 공격형의 전형이다.

페케르만 보이즈가 집결했던 2006년 독일월드컵은 리켈메를 중심으로 팀을 꾸렸고, 그는 '엔간체'로 불리는 10번 역할을 수행했다. 리켈메는 현대 축구에서는 활용하기 어려운 고전적 기교파 플레이메이커였지만, 아르헨티나는 그의 창의력을 앞세워 공격 축구를 전개했다. 개인의 능력을 신뢰해서 개인을 살리는 팀빌딩을 하는 것이 페케르만 감독의 진가라 하겠다. 콜롬비아에서는 득점원 팔카오를 중심으로 팀을 짰지만 부상으로 본선 출전이 불발되었다. 그러나 하메스 로드리게스가 능력을 발휘해 좋은 성적을 거뒀다.

전술로 선수를 묶지 않고 선수의 능력을 발휘하게 하는 스타일이다. 주축 선수가 확실히 정해져 있고, 그에 따라 주변의 지원하는 선수가 결정된다. 고정 멤버가 있는 팀의 백업 선수들은 당연히 불만을 품는다. 하지만 페케르만 감독은 백업 선수들까지 팀워크를 발휘하게 하는 능력을 발휘한다. 모든 선수를 일대일로 대하는 태도와 인품이 결속력을 높이는 비결이다.

대표적 포메이션
아르헨티나 국가대표팀(2006)

독일전에서는 투톱 중 한 사람인 테베스를 왼쪽 측면에, 리켈메를 왼쪽 인사이드하프라는 특이한 배치로 4-4-2를 구사했다. 수비력이 부족한 리켈메를 마스체라노가 지원했다. 공격에서는 소린, 리켈메, 테베스가 트라이앵글을 이뤘다. 독일전 대책이면서도 모두의 본래 스타일을 제한하지 않았다. 루이스 곤살레스를 숨은 10번으로 움직이게 한 점도 중요하다. 1-0으로 앞선 상황, 경기 종료 20분 전에 수비를 위해 리켈메를 뺐다. 이후 동점을 허용하고 승부차기에서 패해 비난을 받았다. 그러나 골키퍼가 다쳐 정규시간 안에 교체 카드를 모두 소진하는 불운도 있었다.

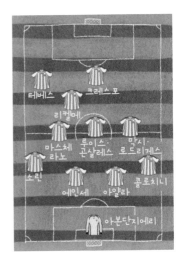

메커니즘

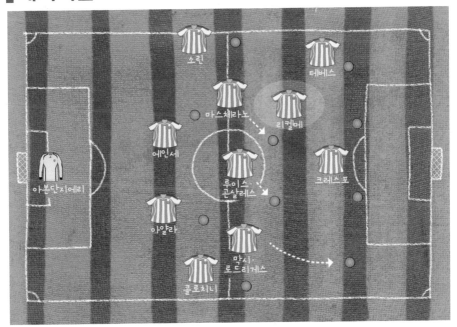

왼쪽으로 치우친 지점에 리켈메를 세움으로써 독일의 4-4-2 매치업에서 한 칸 어긋난 효과를 냈다. 후반 전에 리켈메가 독일의 거친 마크에 갇히자 루이스 곤살레스가 10번 역할을 대신했다. 그를 숨은 엔간체로 활용한 판단이 주목할 만하다. 리켈메가 이미 묶였기 때문에 캄비아소와 교체한 결정도 비난받을 이유가 없다. 페케르만의 오산은 골키퍼 아본단지에리의 부상 아웃이었다. 골키퍼로 교체카드 한 장을 소진한 뒤에 장신 포워드 크루즈를 투입하면서 교체 카드를 모두 써버렸다.

마누엘
페예그리니

틀린 생각일지도 모르지만,
나는 감독으로서
항상 이렇게 생각한다.
무승부를 목표로 싸우면
반드시 패한다고.

국 적	🏴 칠레		애 칭	엔지니어
생년월일	1953년 9월 16일			
유형	☐ 열정형 ☑ 온화형 ☐ 냉정형 ☐ 이론형			
지도 경력	1988~1989 🏴 우니베르시다드 데 칠레		2002~2003 🏳 리버 플레이트	
	1990~1992 🏴 팔레스티노		2004~2009 🏳 비야레알	
	1991 🏴 칠레 U20 국가대표팀		2009~2010 🏳 레알 마드리드	
	1992~1993 🏴 오히긴스		2010~2013 🏳 말라가	
	1994~1996 🏴 우니베르시다드 카톨리카		2013~2016 ✚ 맨체스터 시티	
	1998 🏴 팔레스티노		2016~2018 🏴 허베이 화샤 싱푸	
	1999~2000 🏴 키토		2018~ ✚ 웨스트햄 유나이티드	
	2001~2002 🏳 산로렌소			
주요 우승 기록	아르헨티나리그(2000~01 후반기, 2002~03 후반기), 프리미어리그(2013~14), EFL 컵(2013~14, 2015~16)			

▷ 고전적이면서도 현대적인 밸런스 감각

대학교에서 토목기사 자격증을 땄다는 에피소드가 유명하다. 페예그리니 감독은 밸런스가 좋은 팀을 만드는 능력이 좋다. 한 부분이 돌출된 팀이 아니라 굉장히 평범하면서도 굉장히 좋은 팀을 만든다는 평가다.

4-4-2를 베이스로 한 공격적인 스타일이란 이미지가 강하지만, 페예그리니는 수비진 구축도 뛰어나다. 직접 맡은 팀들은 공통적으로 수비 라인의 컨트롤이 촘촘하게 이루어진다. 리버 플레이트 시절에는 달렉산드로, 비야레알에서는 리켈메 등 개성이 강한 플레이메이커를 살린다. 공격에 있어 테크닉을 중시하는 클래식한 스타일이다. 현대적인 면과 전술적인 면이 공존하는데, 그런 밸런스 감각이 감독의 능력을 확실히 보여준다고 할 수 있다.

불운하다는 인상도 있다. 레알 마드리드에서는 구단 역대 최다 승점을 기록하면서도 바르셀로나에 밀려 리그 우승에 실패했다. 이 정도면 통상적으로 다음 시즌을 맡기겠지만, 페레스 회장은 시즌 후반의 부진을 이유로 모리뉴 감독을 영입했다. 페예그리니는 한 시즌 만에 떠나야 했다. 맨체스터 시티에서도 부임 첫해에 리그 우승을 달성했지만 과르디올라에게 밀려 감독직에서 물러났다. 레알과 맨시티 모두에서 훌륭한 실적을 남겼으면서도 모리뉴와 과르디올라라는 현존 최고 스타 감독들에게 자리를 양보하는 불운이 연속되었다. 2010년 일본 국가대표팀 감독 후보로 거론되었으나 실현되지 않았다.

마누엘 페예그리니의 전술 형태

천재 미드필더를 살리는 수완을 발휘하다

페예그리니 감독의 장점은 남미 특유의 공격적 4-4-2 전술이다. 공격 시 양쪽 윙어들이 중앙으로 이동해 패스워크의 중심이 된다. 비어 있는 측면 영역을 적극적으로 전진한 풀백들이 메운다. 수비진의 라인 컨트롤에 의해 팀 전체를 콤팩트하게 유지하면서 기동력을 높이는 현대적 스타일을 구축한다. 남미 스타일의 4-4-2(4-2-2-2)에서는 공격적 미드필더 2인이 한쪽 측면에서 동시에 뛰는 장면이 흔하다. 페예그리니 감독의 팀도 그렇다. 플레이메이커 2인이 연계함으로써 패스워크를 높이는 이점을 활용한다. 상대편은 반대편 측면까지 이동하는 공격적 미드필더를 어느 지점까지 따라가야 할지 고민하게 된다.

리버 플레이트(달레산드로), 비야레알(리켈메, 피레스), 레알 마드리드(카카), 맨체스터 시티(D.실바, 나스리) 등 재능 넘치는 미드필더들을 보유했을 때 성과를 낸다. 비야레알 시절에는 불화를 일으킨 리켈메를 선발에서 제외했다. 특정 선수가 팀의 기능성과 규율에 해를 끼친다고 판단할 때는 과감하게 내치는 면도 있다. 기본적으로 천재적인 플레이메이커와 궁합이 잘 맞는다. 선수들의 재능을 존중하고 극대화하는 팀을 만들면서도 한 선수에게만 의존하지 않는다. 현대 축구의 한가운데서 고전적인 기교파 선수를 살릴 줄 안다는 것이 페예그리니 감독의 장점이라 할 수 있다.

대표적 포메이션
맨체스터 시티 (2014~15)

프리미어리그 우승을 달성한 부임 첫 시즌 다음의 포메이션. 키가 큰 제코를 원톱, 아구에로를 세컨드 스트라이커로 세웠다. 중원의 좌우 측면에 공격적인 나스리와 D.실바를 배치했다. 중앙에는 수비력이 좋은 페르난지뉴와 공격적인 야야 투레가 있다. 백4는 콩파니와 망갈라의 견고한 센터백 콤비에 기동력 있는 풀백(사발레타, 콜라로프)을 보탠 정통파 조합이다. 공격적이면서도 수비 밸런스를 유지하는 배려가 돋보인다.

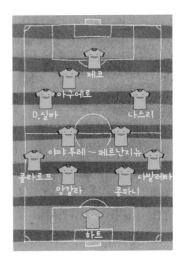

메커니즘

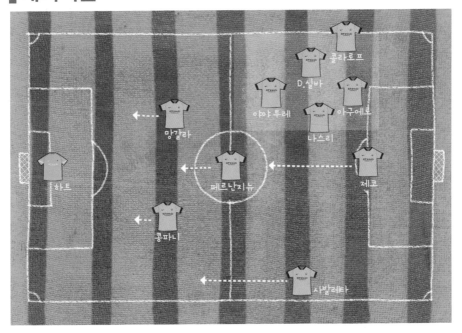

공격적 미드필더 2인이 한쪽 측면에서 활동한다. 공수를 전환할 때는 볼 주변에 선수가 많아서 압박하기 쉬운 상황을 만든다. 압박에 실패해도 차선책이 준비되어 있다. 상대가 역습을 시도할 때는 포지션과 상관없이 전원 빠르게 수비로 돌아와야 한다. 공격 시 포지션이 무너지기 때문에 선수들이 정상 포지션으로 재빨리 복귀하기가 어렵다. 수비로 돌아올 수 있는 선수는 비어 있는 포지션을 메우는 방식이다.

디디에
데샹

우리에게 필요한 것은
이렇게 어려울 때일수록
다 함께 품위를
유지하는 일이다.
(파리 테러 당시)

국 적	🇫🇷 프랑스		애 칭	장군
생년월일	1968년 10월 15일			
유형	☐ 열정형 ☐ 온화형 ☑ 냉정형 ☐ 이론형			
지도 경력	2001~2005 ▬ AS 모나코			
	2006~2007 🇮🇹 유벤투스			
	2009~2012 🇫🇷 마르세유			
	2012~ 🇫🇷 프랑스 국가대표팀			
주요 우승 기록	프랑스리그컵(2002~03, 2009~10, 2010~11, 2011~12), 리그앙(2009~10), FIFA월드컵(2018)			

▷ 타고난 리더의 자질

1998년 프랑스월드컵 우승 당시 주장이었다. 당시 '역사상 제일 못하는 주장'으로 통했다. 실제로는 안정적인 기술과 풍부한 운동량을 지닌 미드필더였지만, 함께 있었던 지단의 존재감이 워낙 컸던 탓이다. 프랑스 언론이 '못한다'라고 표현한 이유는 테크닉 외의 공헌도를 강조하기 위함이었다. 데샹의 리더십은 절대적이었다.

낭트 유소년 시절부터 발군의 리더십을 선보였다. 어느 팀에 속해도 자연스레 선수들 사이에서 보스로 인정받는 캐릭터다. 마르세유, 유벤투스, 첼시, 발렌시아 등 현역 시절 거쳤던 팀에서 모두 중심 선수로 활약했다. 마르세유와 유벤투스에서 유럽 챔피언으로 등극한 것도 우연이 아닐 것이다.

감독으로서도 처음 이끈 AS 모나코에서 국내 컵 대회를 제패했고, 사상 첫 UEFA챔피언스리그 결승 진출도 해냈다. 유벤투스에서는 승부조작 스캔들로 강제 강등된 팀을 한 시즌 만에 1부로 승격시켰다. 마르세유에서도 리그앙 우승을 차지하는 등, 직접 지도했던 3개 구단에서 모두 타이틀을 획득하는 수완을 발휘했다. 2012년부터 프랑스 국가대표팀과 함께하면서 2014년 브라질월드컵에서 8강을 이루었다. 자국에서 개최된 유로2016 결승전에서는 연장전 통한의 결승점을 내줘 포르투갈에 우승을 헌납했다. 그러나 2년 뒤 열린 러시아월드컵에서 우승을 차지해 당당히 명장 반열에 올랐다. 규율을 강조하는 지도 스타일로, 프랑스 대표팀에서 경기 외적 문제로 나스리와 벤제마를 제외하는 용단을 내리기도 했다.

디디에 데샹의
전술 형태

과감한 현실주의자

데샹 감독은 현실주의자다. 항상 수비적이라고 할 수는 없지만, 최소한 수비가 허술한 팀을 만들지는 않는다. 선수의 재능을 끌어내면서 많이 뛰는 플레이를 주문한다. 선수 시절부터 항상 위너였던 감독답게 적극적이며 용맹한 공수 스타일을 추구한다. 적극적인 플레이스타일이다.

데샹 감독의 본질이 잘 드러나는 팀은 AS 모나코였다. 프랑스 대표팀은 인재가 워낙 풍부해서 오히려 자신의 색깔을 표현하기가 쉽지 않았을 것이다. UEFA챔피언스리그 결승에 진출했던 2003~04시즌은 국내 리그에서도 우승 직전에 미끄러지고 말았다. 해당 시즌의 모나코는 재정난으로 2부 강제 강등설이 제기되었을 정도로 어려워서, 리그앙과 UEFA챔피언스리그를 병행할 만한 전력이 아니었다. 그런 중에도 견실한 축구로 승리를 쌓아갔다.

콤팩트한 4-4-2 형태, 기능적이며 조직적인 수비와 함께 직선적 플레이를 효과적으로 구사했다. 볼을 빼앗는 순간, 빠른 종방향 플레이를 전개해 상대의 벌어진 수비 틈을 찔러 치명타를 안기는 모습이야말로 현실주의자 데샹의 축구였다. 상대팀과의 역학관계 및 경기 내용에 맞춰 선수를 유연하게 기용하기도 한다. 유로2016에서는 대회 중에 4-3-3에서 그리즈만을 원톱 바로 뒤에 세우는 4-2-3-1로 전환했다. 준결승전에서는 독일을 꺾어 브라질월드컵의 아픔을 만회했다.

대표적 포메이션
AS 모나코(2003~04)

UEFA챔피언스리그에서 레알 마드리드와 첼시를 연파하며 결승까지 진출했다. 레알에서 임대 영입한 모리엔테스, 준족의 지울리, 크로아티아의 스트라이커 프르소가 맹활약했다. 왼쪽 측면에서 에브라와 로텐 콤비가 공격의 핵이 되었다. 당시 스타는 모리엔테스뿐이었다. 이후 에브라는 맨체스터 유나이티드, 지울리는 바르셀로나에서 각각 활약했다. 모나코는 이때의 스타일을 이어가고 있다. 결승전에서는 지울리가 이른 시간에 부상으로 빠지는 악재가 겹쳐 모리뉴 감독의 FC 포르투에 0-3으로 완패했다. 그러나 모나코로서는 처음이자 마지막 UEFA챔피언스리그 결승 진출이었다.

메커니즘

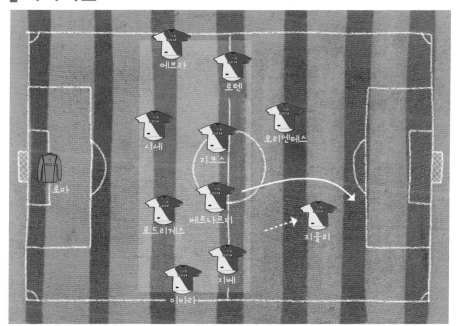

전형 전체를 콤팩트하게 유지하면서 중원 압박으로 볼을 빼앗는다. 탈취하자마자 상대가 수비로 전환하기 전에 뒷공간을 노린다. 당시에는 표준 같은 전술이었지만 볼 탈취 지점을 중앙으로 설정한 것이 특징. 주로 베르나르디가 발이 빠른 지울리에게 종패스를 바로 보내는 단순한 공격으로 효과를 봤다. 폭발적인 공격력이 있는 팀은 아니었지만, 조별리그에서 스페인의 데포르티보 라코루냐를 8-3으로 대파하기도 했다.

레오나르두
자르딤

축구는
플레이스테이션이 아니다.
선수가 피곤하다고 해서
간단히 교체할 수가 없다.

국 적	🔵 포르투갈		애 칭	—
생년월일	1974년 8월 1일			
유형	☐ 열정형　☐ 온화형　☑ 냉정형　☐ 이론형			
지도 경력	2001~2003　🔵 카마샤 수석코치		2012~2013　🇬🇷 올림피아코스	
	2003~2008　🔵 카마샤		2013~2014　🔵 스포르팅 리스본	
	2008~2009　🔵 챠베스		2014~2018　🇫🇷 AS 모나코	
	2009~2011　🔵 베이라-마르		2019~　🇫🇷 AS 모나코	
	2011~2012　🔵 브라가			
주요 우승 기록	그리스리그(2012~13), 그리스컵(2012~13), 리그앙(2016~17)			

▷ 임시변통에 능한 명장

베네수엘라에 주재하던 포르투갈 부모 슬하에서 태어났다. 이후 포르투갈의 마데이라섬에서 자랐다. 선수 경력 없이 대학생 때부터 지도자를 목표로 삼았다. 2003년 27세에 마데이라섬 구단인 AD 카마샤의 지휘봉을 잡았고, 2009년 베이라-마르에서 1부 리그 승격을 이뤘다. 2011년 브라가 감독으로서 구단 역대 최다인 리그 13연승 기록을 세우며 최종 3위에 올랐다. 그리스의 올림피아코스를 거쳐, 포르투갈의 빅3인 스포르팅을 맡아 리그 2위 성적을 거뒀다. 2014년부터 프랑스 AS 모나코의 감독으로 부임해서 명문 부활의 신호를 올렸다.

자르딤 감독은 모나코에서 선수비 후역습 형태의 4-4-2를 채용했다. 조직적인 수비에서 시작하는 역습은 예전 데샹 감독 시절과 많이 닮았다. 그러나 수비 중심이라고 하기는 어렵다. 리그앙을 제패했던 2016~17시즌 팀 득점이 무려 107골에 달했다. 조직적인 수비와 많이 뛰는 스타일을 기본으로 하면서, 선수 개인의 능력과 빠른 협력 플레이로 역습을 노려 단번에 상대를 무너뜨렸다.

부임 첫해였던 2014~15시즌에 베르나르두 시우바, 카라스코 등 젊은 선수들을 키워서 UEFA챔피언스리그 8강에 올랐다. 카라스코 등 주력이 빠진 이후에도 르마, 바카요코, 멘디, 음바페 등이 등장하면서 두 시즌 연속 UEFA챔피언스리그 4강 진출에 성공했다. 정통파 전술을 세팅해서, 어느 선수가 들어가도 쉽게 적응할 수 있는 기본 틀을 만들었다. 재능 넘치는 무명의 젊은 선수를 적극적으로 기용해서 키워 나가는 능력을 높게 평가받고 있다.

레오나르두 자르딤의 전술 형태

선수 육성과 승부의 밸런스

AS 모나코는 재정적으로 풍족한 구단이 아니다. UEFA챔피언스리그에서 좋은 성적을 남길 때마다 빅클럽들이 주축 선수들을 빼간다. 그런 환경에서 자르딤은 예전부터 유소년 육성에 공을 들여왔다. 1990년대엔 앙리와 트레제게를 배출했다. 그는 유소년 전통을 이어가면서 젊은 인재를 등용해 꽃피우는 역할을 하고 있다. 전술적으로는 지극히 정통적인 4-4-2 형태다. 선수들에 맞춰 전술을 조정하지 않는다. 팀의 기능과 포지션별 역할을 최대한 단순하게 설정하므로 신인도 빨리 적응한다. 선수가 바뀌어도 시스템을 일관되게 유지한다. 선수단의 잦은 교체를 늘 염두에 두고 있기 때문이다.

UEFA챔피언스리그에서 맨체스터 시티와 보루시아 도르트문트를 격파하며 준결승까지 진출했던 2016~17시즌에는 볼란치 콤비였던 바카요코와 파비뉴가 탁월한 볼 탈취 능력을 선보였다. 얼핏 보면 단순한 4-4-2 형태이지만, 상대를 중앙으로 유인한 뒤에 볼을 빼앗아 단번에 역습을 노리는 작전이 잘 먹혔다. 양쪽 측면 미드필더인 베르나르두 시우바와 르마의 드리블과 패스를 이용해서 심플한 득점 루트를 만든다. 공격 시 속도가 떨어지면 발이 빠른 풀백이 어태킹서드까지 추월 전진해서 크로스를 올린다. 문전에서 전문 골잡이 팔카오가 크로스를 해결하는 방식이 위력을 발휘했다. 해당 시즌 중반에 '앙리 2세'라 불린 18세의 괴물 신인 음바페가 혜성처럼 등장했다.

대표적 포메이션
AS 모나코(2016~17)

객관적 전력에서 한참 앞선 파리 생제르맹을 제치고 17시즌 만에 리그앙을 제패했다. UEFA챔피언스리그에서도 4강까지 진출했다. 4-4-2의 견고한 수비 블록에서 날카로운 역습으로 득점을 양산했다. 사이드하프인 베르나르두 시우바와 르마가 역습의 중심이다. 두 선수의 드리블 돌파와 킬패스가 효과적이었다. 풀백인 멘디와 시디베도 적극적으로 공격에 가담했다. 피니시 패턴은 대부분 측면 크로스였다. 문전에서 크로스를 해결하는 장인 팔카오의 존재가 결정적이었다.

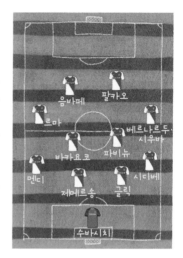

메커니즘

교과서적이라고 할 수 있는 모나코의 공격이 경이적 득점력을 발휘한 비결은 불가사의하다고 할 수도 있다. 우선 중앙의 높은 영역에서 볼 탈취가 많았다는 점을 주목해야 한다. 또 베르나르두 시우바, 르마, 음바페의 공격은 알면서도 막기 어려웠다. 마지막으로 양쪽 풀백들의 스피드가 엄청났다. 레프트백인 멘디의 스피드 앞에서는 상대의 측면 수비가 속수무책이었다. 왼발 크로스 역시 심플하면서도 스피드가 빨라서 막기 힘들었다.

03 텔레 산타나
Telê Santana da Silva

선수의 재능을 꽃피우는
심미안의 소유자

현역 시절 우아한 테크니션이었던 텔레 산타나는 브라질 축구에서 가장 위대한 감독으로 통한다. 1969년 플루미넨세의 감독으로 부임해 국내의 서로 다른 4개 주 챔피언십에서 모두 우승했다. 1982년 스페인월드컵에서 브라질 국가대표팀을 이끌었다. 준결승 진출이 걸린 2차리그 이탈리아전에서 2-3으로 패해 8강에 머물렀음에도 역사상 가장 아름다운 팀의 하나라 칭송받았다. 당시 브라질의 지쿠, 소크라테스, 팔캉, 토니뉴 세레주는 '황금 4인'으로 불렸다. 스페인월드컵에서 브라질은 뛰어난 기술과 자유롭게 움직이는 공격을 펼쳤다. 포지션에 제약 받지 않는 필드 플레이어들은 그라운드 전체에서 고도의 연계 플레이를 연출했다. 월드컵에서 수비적인 경기 내용을 보여 왔던 브라질을 원래 스타일로 돌려놓았다는 평가를 받았다.

TECNICAL MEMO

지쿠와 소크라테스가 동시에 10번 역할을 수행했고 토니뉴 세레주와 팔캉이 둘을 도왔다. 레프트백인 주니오르도 거의 미드필더처럼 뛰었다. 템포가 빠른 패스워크와 후방에서 단번에 전진해서 공간을 찌르는 공격을 자유자재로 구사했다. 각 선수들이 개성을 발휘하도록 고안된 변칙 포메이션이었다.

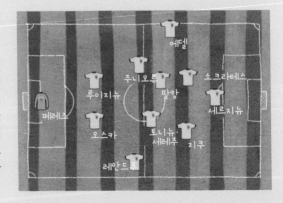

Telé Santana
da Silva

1983년부터 2년 동안 지도한 사우디 아라비아의 알 아흘리에서는 타이틀을 싹쓸이했다. 1985년부터 다시 브라질 대표팀을 맡아 1986년 멕시코월드컵에 출전했다. 지쿠, 토니뉴 세레주가 부상으로 빠지고 팔캉의 경기력 난조로 '황금 4인'이 해체되는 바람에 8강 프랑스전에서 승부차기 끝에 패했지만 높은 평가를 받았다.

1990년부터 상파울루에서 주와 전국의 선수권, 코파리베르타도레스를 연속 제패했다. 인터내셔널컵(FIFA 클럽 월드컵의 전신)에서도 크루이프 감독의 바르셀로나와 카펠로 감독의 AC 밀란을 격파하며 대회 연패를 달성했다. 상파울루에 패한 크루이프 감독은 "어차피 차에 치일 거라면 페라리에 치이는 게 낫다"라며 상파울루를 극찬했다. 라이, 뮬레르, 토니뉴 세레주, 레오나르두, 카푸 등의 충실한 스쿼드로 상파울루는 화려한 공격 축구를 구사해 상대를 압도했다.

【경력】 1982년과 1986년 월드컵에서 브라질 국가대표팀을 이끌었다. 이후 인터내셔널컵(1992, 1993)을 연패하는 등 상파울루의 황금기를 열었다. 그레미우, 플루미넨세, 아틀레티코 미네이루, 상파울루에서 주 챔피언십을 제패했다.

CHAPTER 4

아방가르드 계열

Avan-garde

테크놀러지는 하루가 다르게 발전한다. 스포츠계도 데이터와 과학을 도입하고 있다.
어떤 시대든 테크놀러지를 적용해 새로운 축구를 시도하려는 감독들이 존재했다.
기존 축구의 아름다움과 다르게 일종의 기능적 측면을 추구하는 스타일이다.
방법론을 넘어서 새로운 가치관의 추구라고 해야 할지도 모르겠다.

위르겐
클롭

우리에겐 화살이 있다.
문제는 바이에른이
바주카포를 가졌다는 거다.
그래도 로빈 후드는
아주 잘 해내지 않았는가.

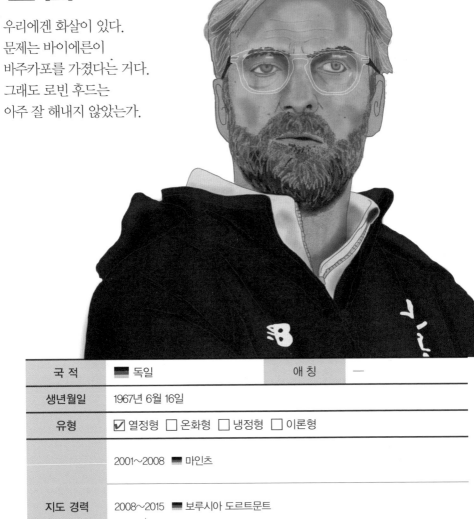

국 적	🟥 독일	애 칭	—
생년월일	1967년 6월 16일		
유형	☑ 열정형　☐ 온화형　☐ 냉정형　☐ 이론형		
지도 경력	2001~2008　🟥 마인츠		
	2008~2015　🟥 보루시아 도르트문트		
	2015~　　➕ 리버풀		
주요 우승 기록	분데스리가(2010~11, 2011~12), DFB 포칼(2011~12), 챔피언스리그(2018~19)		

▷ 격정을 즐기는 열혈 지도자

"어렸을 때 바르셀로나의 축구를 봤다면 나는 축구선수가 아니라 테니스 선수가 되기로 마음을 바꿨을지 모른다."

위르겐 클롭 감독은 바르셀로나 스타일과 궁합이 맞지 않는 것 같다. 이 발언은 과르디올라 감독이 이끌던 최전성기의 바르셀로나에 대한 평가였다. 일방적으로 패스를 돌리면서 마치 한 팀만 뛰고 있는 듯한 축구, 담담하게 상대를 무너뜨리는 스타일은 클롭의 지향점과 크게 다르다.

호탕한 웃음소리, 솔직한 화법, 독특한 애교로 독일에서는 마인츠 시절부터 인기가 좋았다. 큰 키에 안경, 덥수룩한 수염이 클롭을 상징한다. 클롭 감독은 아르센 벵거 감독의 아스널을 '클래식', 본인의 보루시아 도르트문트를 '헤비메탈'이라고 표현하기도 했다. 거칠게 뛰며 보는 이의 마음을 흔드는 축구를 좋아한다. 경기 중엔 큰 몸짓으로 서포터즈와 함께 울고 웃는다. 그런 모습이 팬들의 공감을 사는 포인트다.

도르트문트에서 '게겐프레싱'이라 불리는 전방 압박으로 분데스리가를 석권했다. 공수를 나누지 않는 사고방식에서는 랄프 랑닉의 영향이 엿보인다. 리버풀에서도 살라, 마네, 피르미누의 강력한 스리톱이 구사하는 스피드와 개인기를 앞세워, 빠르게 공격하는 직선적 스타일로 강팀에 강한 리버풀을 만들었다. 2018~19시즌 UEFA챔피언스리그 결승전에서 레알 마드리드에 패했으나 이듬해 토트넘을 2-0으로 꺾고 대망의 우승을 차지했다.

위르겐 클롭의
전술 형태

한 시대를 풍미했던 '게겐프레싱'

리버풀에서는 살라와 마네의 초고속 콤비를 살려 상대 수비진에 뒷공간이 생길 때마다 종패스를 시도해 공격한다. 포워드와 연동해서 팀 전체가 밀고 올라가기 때문에 상대 볼이 되더라도 기세를 살려서 효과적으로 전방을 압박한다. 도르트문트 시절 한 시대를 풍미했던 '게겐프레싱(Gegen pressing; 상대의 공격에 대항한 압박—역주)이다. 도르트문트에서는 원톱 레반도프스키를 향해 날아가는 롱패스가 공격 개시 버튼이었다. 공중볼 다툼에 강한 레반도프스키가 볼을 따내면 동료들이 빠르게 지원해서 단번에 상대 골문을 노린다. 상대에게 볼을 빼앗겨도 밀고 올라갔던 기세를 그대로 살려 상대 진영에서 압박한다. 상대 진영에서 볼을 재탈취하면 더 큰 타격을 가할 수 있다.

레반도프스키가 이적하자 강력한 타깃맨이 없는 상태에서의 게겐프레싱은 위력이 줄었다. 레반도프스키가 있었다면 볼을 따내지 않아도 특유의 기세로 세컨드볼을 획득하기 쉬웠다. 그러나 상대가 길게 클리어링하면 모두 전진해 있는 탓에 역습을 허용할 위험이 커진다. 기술이 뛰어난 상대는 전방 압박을 뚫을 수 있는 탓에 스스로 수비 취약점을 드러내는 꼴이 된다. 도르트문트 마지막 시즌에는 강등 위기까지 겪었다. 게겐프레싱이 분석당한 탓도 있지만, 도르트문트에게 볼 소유권을 내준 상태에서 수비로 내려앉는 팀이 많아졌기 때문이다. 약팀에 덜미를 잡혀 성적 부진으로 이어졌다.

대표적 포메이션
리버풀(2018~19)

강력한 스리톱에 의한 빠르고 다이렉트한 공격이 특징이다. 점유 스타일 축구를 하는 맨체스터 시티의 무패 행진을 막은 것에서 보듯이 강팀에 강하다. 그러나 상대가 내려앉아서 공간을 없애면 공격 작업에 애를 먹는다. 2018~19시즌 영입한 골키퍼 알리송과 파비뉴가 약점을 메웠고 자신들의 장점을 극대화했다. 프리미어리그에서 승점 97점을 거두고도 2위에 그치는 불운을 겪었지만, UEFA챔피언스리그에서 구단 통산 여섯 번째 우승을 차지했다.

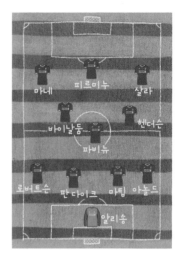

메커니즘

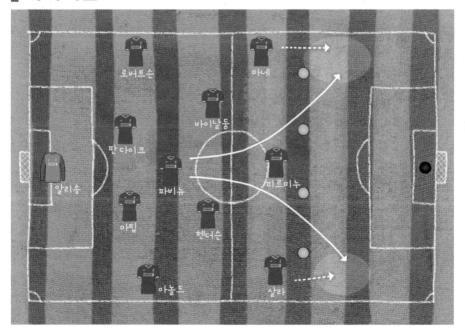

상대 수비 라인이 내려가기 전에 뒤에 생긴 공간으로 빠르게 쇄도하는 살라와 마네를 향해 직선 패스를 보낸다. 중앙의 피르미누는 볼 컨트롤에 능할 뿐 아니라 개인 돌파도 해내는 레반도프스키 타입의 공격수이므로, 클롭 축구 구현에 적절한 스리톱 구성이라 할 수 있다. 미드필더 3인 모두 운동량과 볼 탈취 능력이 뛰어나다. 섬세한 패스워크는 맨체스터 시티나 바르셀로나보다 떨어지지만 공간 쇄도 능력은 발군이다.

율리안
나겔스만

인지 능력은 훈련으로
좋아질 수 있다고 생각한다.
두뇌와 신경계의 활동 용량을
늘려서 판단 속도를 빠르게
할 수 있다.

국 적	🟥 독일		애 칭	노트북 감독
생년월일	1987년 7월 23일			
유형	☐ 열정형 ☐ 온화형 ☐ 냉정형 ☑ 이론형			
지도 경력	2008	🟥 아우크스부르크 유소년		
	2008~2010	🟥 1860 뮌헨 U17 수석코치		
	2010~2011	🟥 호펜하임 U17 수석코치		
	2011~2012	🟥 호펜하임 U17		
	2012~2013	🟥 호펜하임 수석코치		
	2013~2016	🟥 호펜하임 U19		
	2016~2019	🟥 호펜하임		
	2019~	🟥 RB라이프치히		
주요 우승 기록	—			

▷ 테크놀로지를 축구에 접목한 새로운 접근법

부상으로 20세에 은퇴하자마자 지도자의 길을 밟기 시작했다. 저연령 팀의 코치와 감독으로 실적을 쌓았고, 2016~17시즌 도중에 호펜하임의 정식 감독으로 부임했다. 28세의 나이는 분데스리가 최연소 감독 기록이다. 이 시즌에 강등을 피했고, 2017~18시즌에 바이에른 뮌헨과 라이프치히를 격파하면서 중위권을 지켰다. '노트북 감독'으로 불릴 정도로 독일에서는 신세대 지도자를 대표하는 한 사람으로 주목받는다.

율리안 나겔스만은 '랑닉파'로 분류된다. 과르디올라 감독의 영향을 받았다고 할 수도 있다. 2017~18시즌 앵커 포지션에 젊은 가이거를 기용해서 공격 기점으로 삼았다. 아메리칸풋볼에서 쿼터백 같은 역할을 주문했다. 백3를 기본으로 상대 공격을 막으며 단순히 수비뿐만 아니라 적극적으로 공격하는 태세를 유지한다.

화이트보드 대신, 훈련장에 세로 18m 크기의 대형 스크린을 설치했다. 특수한 기계를 활용하는 훈련 메뉴를 도입하는 등 디지털 세대답게 테크놀러지를 적극적으로 이용한다. 나겔스만 감독은 패턴을 도입하는 데에 그치지 않고 인지 능력을 높여 공격력을 향상하려고 애쓴다. 예를 들어, 패스를 받는 상황을 순간적으로 정확하게 파악할 수 있으면 최적의 판단을 내릴 수 있다는 것이다. 바르셀로나가 유소년 시절부터 긴 세월에 걸쳐 가르치고 있는 부분을 기술의 힘을 빌려 단기간에 효과적으로 수행하고 있다.

테크놀로지로 전술 이해도와 대응 능력을 키우다!

랄프 랑닉이 스포팅디렉터로 일하던 시절, 호펜하임은 갖가지 혁신을 시도했다. 나겔스만은 그런 흐름을 계승하고 있지만, 전술 면에서는 다르다. 상대에 따라 수비 방식을 조정한다. 역으로 공격에서는 상대 약점을 정확히 찌른다. 라이프치히에 4-0 쾌승을 거뒀던 분데스리가 14라운드에서는 라이프치히의 약점인 높은 측면 포지셔닝과 수비 라인의 허를 확실하게 찔렀다.

20라운드 바이에른 뮌헨전에서는 상대의 빌드업을 방해하면서 경기 초반 페이스를 잡아 2-0으로 리드했다. 결과적으로 힘의 차이를 극복하지 못해 2-5로 역전패 당했지만 경기 초반만큼은 거의 바이에른을 괴롭혔다. 바이에른의 오른쪽 센터백인 보아텡에게 볼이 가도록 유도해서 센터백 간의 패스를 끊었다. 전방의 모든 상대 선수들을 마크함으로써 빌드업을 방해했다.

전술을 포메이션과 동일시하는 시대는 이미 지났다. 골킥에서 공격을 전개할 때, 센터백부터 빌드업 할 때, 상대 진영으로 쇄도할 때 각각 포메이션이 바뀌는 것은 이미 상식이 되었다. 그런 변화와 상대의 대응을 동시에 인지하고 이해하는 능력을 키워야 한다. 여기에도 테크놀러지가 동원된다. 감독으로서는 이제 막 출발한 단계라 할 수 있다. 앞으로 성공한다는 보장도 없다. 그러나 나겔스만 감독이 새로운 세대를 대표한다는 사실은 분명하다.

대표적 포메이션
호펜하임(2017~18)

바이에른 뮌헨과 보루시아 도르트문트가 영입을 고려한다는
전망이 지배적이었지만, 2019년 나겔스만은 RB라이프치히를
선택했다. 대표적 포메이션은 2017~18시즌 팀이다. 백3 앞에
가이거가 공격 기점이 된다. 공격수들은 지역 방어의 경계선으
로 패스를 연결하면서 유동적으로 움직여 공격한다. 강팀이라
고 하기엔 부족함이 있지만, 바이에른과 라이프치히 등 상위권
의 발목을 잡는 퍼포먼스를 선보였다. 19세 가이거를 필두로 어
린 선수들이 많아서 향후 발전 가능성이 크다.

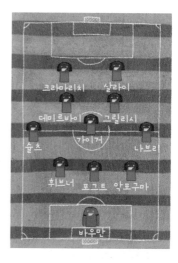

메커니즘

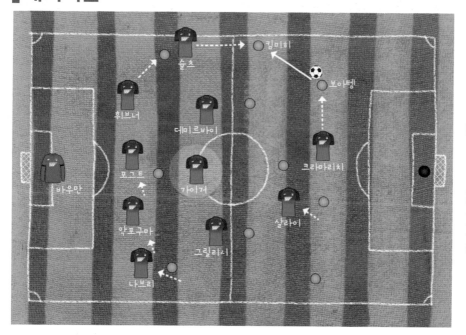

20라운드 바이에른전을 예로 들자. 바이에른의 오른쪽 센터백인 보아텡에게 볼이 넘어간 시점에서 포워드
한 명이 횡방향 패스루트를 끊는다. 덕분에 바이에른의 다른 센터백을 마크할 필요가 없어진다. 포워드 한
명은 앵커를 맡는다. 보아텡이 자유로운 상황의 라이트백(킴미히)에게 패스를 건넬 때 윙백이 적극적으로
전진해서 압박한다. 백3와 라이트윙백은 왼쪽으로 시프트해 백4를 유지한다. 앵커인 가이거와 수비수 한
명이 남는 형태의 수비 조직이 만들어진다.

토마스
투헬

축구는 1인 1인의
덧셈이 아니다.
숫자로 나타나지 않는
여러 가지 요소가 있다.

국 적	🟥 독일		애 칭	전술가
생년월일	1973년 8월 29일			
유형	☐ 열정형　☐ 온화형　☐ 냉정형　☑ 이론형			
지도 경력	2000~2004 🟥 슈투트가르트 유소년			
	2005~2006 🟥 슈투트가르트 U19			
	2006 🟥 아우크스부르크 U19			
	2007~2008 🟥 아우크스부르크 II			
	2008~2009 🟥 마인츠 U19			
	2009~2014 🟥 마인츠			
	2015~2017 🟥 보루시아 도르트문트			
	2018~ 🇫🇷 파리 생제르맹			
주요 우승 기록	DFB포칼(2016~17), 리그앙(2018~19)			

▷ 팔색조 매력을 가진 젊은 지도자

1군 감독 경력은 2009년 마인츠를 시작으로 보루시아 도르트문트, 파리 생제르맹까지 10년 동안 3개 팀밖에 없다. 우승 경력도 도르트문트 시절의 DFB포칼과 프랑스 리그앙 두 개뿐이다. 그러나 평가는 높다. 도르트문트 감독직에서 물러나자 바이에른 뮌헨, 레알 마드리드 등의 메가클럽에서 차기 감독 후보로 거론되었다. 최종 선택은 프랑스의 절대 1강 파리 생제르맹(PSG)이었다. 실적보다 축구의 내용에서 큰 박수를 받는 덕분이다.

투헬은 유소년 지도자 시절부터 유명했다. 당시 독일에서는 대대적인 유소년 육성 개혁이 진행되고 있었고, 그 일환으로 젊은 감독의 육성도 활발했다. 투헬 감독이 1군에서 기회를 잡을 수 있었던 것도 그런 시대적 상황 덕분이었을 것이다.

도르트문트에서는 너무나 짙은 그림자를 남긴 위르겐 클롭의 후임 역할을 해내야 했다. 랄프 랑닉과도 관계가 깊었던 투헬은 전술적으로는 클롭에 가까워야 했지만, 선배의 가장 강력한 라이벌인 펩 과르디올라로부터 오히려 큰 영향을 받았다고 해도 좋다. 투헬 감독이 지휘봉을 잡은 도르트문트는 볼 점유를 바탕으로 이점을 극대화하려는 플레이스타일이 두드러졌다. 포메이션 뼈대를 확고하게 유지하는 클럽보다 과르디올라의 스타일에 가깝다는 증거였다.

훈련 내용이 워낙 다양해서 같은 메뉴를 소화하는 경우가 거의 없다. 상대와 경기 상황에 맞춰 포메이션을 바꾸는 선택지도 매우 많다는 것이 특징이다.

주도면밀한 준비와 경기를 읽는 능력

투헬 감독은 상황에 따라 포메이션을 바꾼다. 상대의 압박 방법에 맞춰 중앙에 수비수를 2명 내지 3명 세운다. 공격 기점이 되는 프리롤 선수를 만들어 그곳부터 공격을 만들어 올라간다. 예를 들어 4-4-2를 쓰는 팀을 상대로는 백3를 사용한다. 빌드업 시 상대의 투톱에 대응해서 센터백 3인과 앵커 1인, 총 4인을 만들기 때문에 상대보다 두 명이 많은 수적 우위를 점한다.

그 앞 영역에서는 상대가 두 사람 많은 상태로 기다리고 있게 되므로 전진이 쉽지 않다. 따라서 윙백이 높은 위치까지 전진한다. 윙백은 상대의 풀백이 있는 지점까지 전진한다. 그러면 상대 윙어는 자신이 맡은 영역에서 마크할 선수가 없어지므로 전진해서 자신들의 투톱과 함께 백3를 압박하려고 한다. 여기까지 상대의 움직임을 읽고 있다는 것이 투헬 감독다운 모습이다.

후방에서 두 명이 많은 수적 우위를 살려 볼을 확보하고, 윙백이 높은 위치까지 전진한다. 그리고 상대의 윙어가 전진해 온다. 투헬 감독은 이렇게 준비한 시나리오 위에 볼란치 두 명 중 한 명을 자유롭게 만들어 공격 기점으로 삼는다. 상대팀 윙어를 유인함으로써, 상대팀 윙어와 풀백을 서로 멀리 떨어뜨린다. 자유로운 볼란치가 그 공간으로 들어가서 쉽게 패스를 받는다. 이렇게 하면 첫 단계에서는 빌드업 시작점이 수비수였지만, 상대의 대응을 예측해 다음 단계에서는 볼란치로 바꿀 수 있게 된다.

대표적 포메이션
보루시아 도르트문트(2016~17)

후멜스, 권도간, 미키타리안이 나간 자리에 게레로, 뎀벨레, 발트라 등이 들어왔다. UEFA챔피언스리그에서는 8강까지 진출했으나 AS 모나코에 준결승행 티켓을 내줬다. 분데스리가에서는 2위에서 떨어졌지만 DFB포칼 우승으로 만회했다. 투헬 감독 개인으로서는 첫 타이틀이고, 도르트문트로서도 5년 만에 맛보는 우승이었다. 그러나 주력 선수들의 처분 문제를 놓고 회장과 대립하다가 결국 팀을 떠났다. 오바메양과 뎀벨레의 스피드를 살린 공격력이 인상적인 팀이었다.

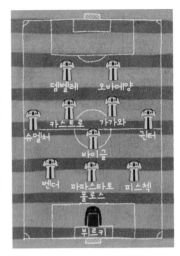

메커니즘

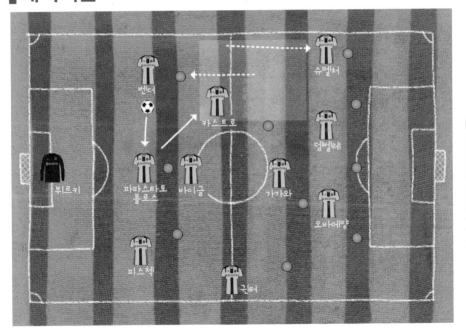

상대가 플랫 4-4-2로 나올 때 공격 기점을 만드는 방법. 우선 윙백(슈멜처)을 높은 위치로 전진하게 한다. 상대 윙어는 자신이 맡아야 할 선수(슈멜처)가 없어지기 때문에 전진해서 도르트문트의 백3를 압박한다. 상대의 윙어와 풀백 사이에 공간이 생기는데, 그곳으로 미드필더(카스트로)가 들어가서 앵커인 바이글과 함께 공격 기점 임무를 수행한다. 윙백을 높은 위치까지 전진시켜 상대를 자기 진영으로 유인한 뒤에, 공격 기점을 수비수에서 미드필더로 한 줄 높이는 점이 투헬 감독답다.

랄프
랑닉

감독보다
스포팅디렉터 쪽이
장기 프로젝트
수행에 적합하다.
내가 하고 싶은 것은
장기 프로젝트다.

국 적	🇩🇪 독일		애 칭	교수
생년월일	1958년 6월 29일			
유형	☐ 열정형　☐ 온화형　☐ 냉정형　☑ 이론형			
지도 경력	1983~1985　🇩🇪 빅토리아 바크낭(선수 겸 감독)		2004~2005　🇩🇪 샬케	
	1987~1988　🇩🇪 TSV 리포이트펠러(선수 겸 감독)		2006~2011　🇩🇪 호펜하임	
	1988~1990　🇩🇪 SC 코르브		2011　🇩🇪 샬케	
	1995~1996　🇩🇪 로이틀링겐 05		2012~2015　🇦🇹 레드불 잘츠부르크, 🇩🇪 라이프히치(스포팅디렉터)	
	1997~1999　🇩🇪 SSV 움 1846		2015~　🇩🇪 라이프치히(스포팅디렉터)	
	1999~2001　🇩🇪 슈투트가르트		2015~2016　🇩🇪 라이프치히	
	2001~2004　🇩🇪 하노버		2018~2019　🇩🇪 라이프치히	
주요 우승 기록	분데스리가 2부(2001~02), DFB포칼(2010~11), 오스트리아리그(2013~14, 2014~15), 오스트리아컵(2013~14, 2014~15)			

▷ 독일 축구계의 '교수'

아마추어 선수였던 랄프 랑닉은 25세부터 지도자의 길을 걷기 시작했다. 하부 리그를 지휘하면서 명성을 쌓았고, 움에서는 토마스 투헬을 지도했다. 분데스리가의 강호인 슈투트가르트와 샬케에서 지휘봉을 잡기도 했지만, 랑닉은 스포팅디렉터로서 작은 구단에 새로운 물결을 일으키는 능력이 발군이다.

호펜하임에서 많은 실험적 전력 강화법을 시도했다. 2012년부터 오스트리아의 레드불 잘츠부르크와 독일의 RB라이프치히에서 동시에 스포팅디렉터 직책을 맡았다. 전술서를 배포해 두 구단의 지도 방침으로 삼았고, 젊은 무명 선수를 비싸게 파는 방침도 확립했다.

랑닉은 독일 내에서도 제일 선구적으로 존디펜스(지역 방어)를 채용했을 뿐 아니라 추가 연구로 독특한 전술을 고안했다. 공수의 차이를 없애고, 중앙의 좁은 영역에 선수를 집중시켜 계속 종패스를 시도해 상대 수비를 흔든다. 볼을 빼앗겨도 영역이 좁아서 효과적으로 압박할 수 있다. 럭비 같은 축구라고 봐도 좋다. 하지만 복잡한 상황에서도 질서를 유지할 수 있도록 맞춤형 훈련이 동반된다는 것이 특징이다.

랑닉의 영향을 받은 감독이 많다. 감독과 선수의 관계였던 투헬을 비롯해서 잘츠부르크 감독이었던 로저 슈미트가 대표적이다. 직접 인연은 없었지만 위르겐 클롭도 '랑닉파'로 분류해도 좋다. '교수'란 애칭으로 불리는 랑닉의 이론은 분석과 데이터를 활용해 빚어낸 선구적 혹은 이단적 스타일이다.

랄프 랑닉의
전술 형태

좁은 영역에서 공수를 직조(織造)하다

'공격은 넓게 수비는 좁게'는 축구의 기본 상식이다. 랑닉의 축구는 공격이 좁다. 좁은 영역에서 종방향으로 볼이 끊임없이 움직인다. 백패스나 사이드체인지가 거의 없다. 도중에 볼을 빼앗기는 일도 잦다. 그러나 이미 공격 대형이 촘촘한 덕분에 곧바로 상대를 압박할 수 있다. 볼을 빼앗겨도 재빨리 되찾는다. 눈이 어지러울 정도로 복잡한 상황에서 우위를 점하는 훈련을 집중적으로 실시해서 발이 빠른 선수를 만들어낸다.

RB라이프치히는 원칙적으로 23세 이상 선수를 영입하지 않는다. 젊고 주력이 좋은 선수를 우선 발탁한다. 랑닉의 일반적이지 않은 전술에 짜 맞출 수 있고, 무명 선수를 스타로 만들어 비싸게 팔면 이익이기 때문이다. 전술에 순응하기 위해서는 역으로 경험이 적은 편이 선입견이 없어 더 낫다고 생각하는 듯하다. 베르너는 독일 국가대표팀의 주전 공격수, 포르스베리는 스웨덴 국가대표팀의 에이스로 성장했다. 기니 출신 나비 케이타도 흥미롭다. 16세에 프랑스로 올 때까지 전술을 배워본 적 없었으며 맨발로 길거리에서 축구기술을 익힌 선수다. 볼을 빼앗는 능력과 좁은 영역에서 드리블로 돌파하는 능력이 탁월하다. 2017~18시즌 거액의 이적료 수입을 남겨주고 리버풀로 이적했다. 좁은 골목에서 공수 구분 없는 축구를 해왔던 케이타는 정규규격 그라운드에서 그런 패턴을 실행하려는 랑닉의 축구에 안성맞춤이었다.

대표적 포메이션
RB 라이프치히(2015~16)

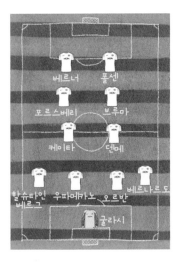

감독은 랄프 하젠휘틀이었지만 전술적으로는 랑닉의 팀과 다름이 없다. 2부에서 1부로 승격한 2015~16시즌 랑닉은 스포팅디렉터와 감독을 겸임했다. 볼란치인 케이타의 볼 탈취 및 종방향 드리블 능력을 축으로 라스트패스의 명수인 포르스베리, 수비진의 뒷공간을 빠르게 파고드는 베르너가 공격의 중심이 되었다. 의도적으로 좁은 영역에서 쉼 없이 공수 전환을 일으킨다. 그 안에서 강한 몸싸움과 정확한 위치 선정으로 이점을 얻는 전술이다.

메커니즘

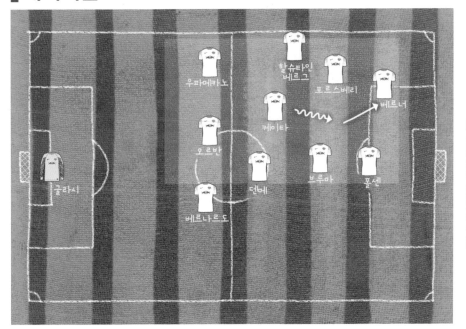

공수를 모두 좁은 영역에서 실행하는 것이 특징이다. 수비로 내려온 상태에서 볼을 빼앗기보다 상대 진영에서 볼을 빼앗는 편이 공격에 유리하다고 믿기 때문이다. 의도적으로 좁은 영역에서 공격하다가 볼을 빼앗으면 곧바로 압박해서 되찾는다. 열쇠로 구멍을 후벼 파듯이 고집스럽게 종패스로 슈팅 기회를 창출하려고 애쓴다. 볼을 탈취하고, 탈취한 볼을 드리블로 전진시킬 수 있는 케이타의 존재가 효과적으로 먹혔다.

즈데넥 제만

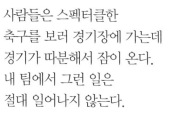

사람들은 스펙터클한
축구를 보러 경기장에 가는데
경기가 따분해서 잠이 온다.
내 팀에서 그런 일은
절대 일어나지 않는다.

국 적	▌▌이탈리아	애 칭	보헤미안
생년월일	1947년 5월 12일		
유형	☑ 열정형 ☐ 온화형 ☐ 냉정형 ☐ 이론형		

지도 경력			
1969~1970	▌▌치니시	2000	▌▌나폴리
1970~1971	▌▌바치갈루포	2001~2002	▌▌살레르니타나
1971~1972	▌▌카리니	2003~2004	▌▌아벨리노
1972~1973	▌▌미실메리	2004~2005	▌▌레체
1973~1974	▌▌에사칼차	2006	▌▌브레시아
1974~1983	▌▌팔레르모 유소년	2006	▌▌레체
1983~1986	▌▌리카타	2008	⚽ 레드 스타 베오그라드
1986~1987	▌▌포지아	2010~2011	▌▌포지아
1987	▌▌파르마	2011~2012	▌▌페스카라
1988~1989	▌▌메시나	2012~2013	▌▌로마
1989~1994	▌▌포지아	2014	▌▌칼리아리
1994~1997	▌▌라치오	2015	▌▌칼리아리
1997~1999	▌▌로마	2015~2016	✚ 루가노
1999~2000	☪ 페네르바체	2017~2018	▌▌페스카라

주요 우승 기록	세리에B(1990~91, 2011~12)

▷ 극단적 공격 축구의 화신

'프라하의 봄'을 계기로 조국 체코를 떠나 이탈리아로 이주했다. 이탈리아를 중심으로 수많은 구단의 감독을 맡았다. 즈데넥 제만은 극단적 공격 축구로 유명하다. 수비를 최우선시하는 이탈리아에서는 이단아로 불릴 만한 존재였다.

4-3-3 포메이션의 빠른 공격이 트레이드마크다. 1974년 월드컵에 출전한 네덜란드가 모델이었지만, 뿌리가 같은 바르셀로나 등과 차이를 보이는 것은 볼의 점유를 중시하지 않기 때문이다. 제만 감독은 스리톱을 전방에 남겨둔다. 볼을 빼앗으면 전방의 스리톱에게 재빨리 보내서 공격을 시도한다. 공격이 실패했을 때는 진형의 앞뒤 간격이 긴 상태로 막아야 하는 약점이 생긴다. 반대로 스리톱이 수비로 돌아오지 않는 덕분에 역습에서 위력을 발휘할 수 있다. 내 상처를 각오하고 상대에게 중상을 입히겠다는 전술이기 때문에 득점도 많고 실점도 많다. 2011~12시즌 페스카라를 세리에A로 승격시켰을 때, 42경기에서 90골로 리그 최다 득점 신기록을 작성했다.

처음 지휘봉을 잡았던 리카타의 세리에C 우승과 세리에B 우승의 타이틀 뿐이지만, 라치오나 로마의 감독으로 영입될 수 있었던 것은 이단이라는 평가까지 나왔던 공격 축구 스타일의 높은 인기 덕분이었다. 1989년부터 다섯 시즌을 이끌었던 포지아는 '미라클 포지아'로 불렸다. 당시 팀에서 무명이었던 시뇨리가 맹활약을 펼쳤다. 스킬라치, 토티, 임모빌레, 인시녜, 베라티 등 제만 감독 아래서 꽃을 피운 선수는 너무나 많다.

즈데넥 제만의
전술 형태

선수의 능력을 극대화하는 초공격적 스타일

일관된 4-3-3 포메이션과 초공격적 스타일이 제만 감독의 상징이다. 골키퍼가 리베로처럼 뛴다. 센터백에게는 수비력뿐 아니라 광범위한 공간을 커버하는 스피드와 빌드업 능력을 요구한다. 양쪽 풀백도 매우 공격적이다. 중앙 미드필더는 플레이메이커로서 전방으로 정확하게 롱패스를 공급한다. 포워드가 수비로 돌아오지 않기 때문에 중앙 미드필더는 수비력도 갖춰야 한다. 제만 감독의 전술에서 키플레이어는 윙어다. 측면에서 대각선 방향으로 중앙 영역에 들어가는 움직임을 철저히 수행해야 한다. 빈 공간이 생기는 측면 영역으로는 풀백이 침투해야 한다. 로마를 지휘했을 때는 토티를 레프트윙으로 기용했다.

존디펜스를 바탕으로 전방부터 압박하지만 수비 블록을 철저하게 구축하진 않는다. 포워드 3인을 전방에 남겨둬 역습을 노리기 때문에, 어떻게해도 수비 인원이 부족해 실점을 많이 허용한다는 약점이 상존한다. 반대로 포워드를 앞에 남겨두는 덕분에 역습할 때 공격 인원이 많아서 상대가 대처하기 곤란하다. 수비 밸런스를 무너뜨리지 않으면서 공격하는 스타일을 철칙으로 삼았던 이탈리아 축구계에서 제만 감독의 전술은 무방비에 가깝다는 비판을 받았다. 그러나 그런 전술 덕분에 선수 개인의 능력을 발전시킬 수 있었다는 측면도 평가해야 한다.

대표적 포메이션
AS 로마(2012~13)

1999년 이후 두 번째 로마를 맡았다. 4-3-3과 초공격적 스타일에는 변함이 없었다. 실점을 두려워하지 않고 과감하게 공격하는 스타일로 팬들로부터 지지를 받았다. 그러나 지나치게 불안정한 경기력으로 23경기 만에 해임되고 말았다. 제로톱 형태의 센터포워드로 뛴 에이스 토티를 왼쪽 측면에 두고 빠른 형태의 직선적 축구를 펼쳤다. 중앙 미드필더로 뛴 데로시는 공수의 축으로서, 제만 전술에서는 불가결한 존재였다.

메커니즘

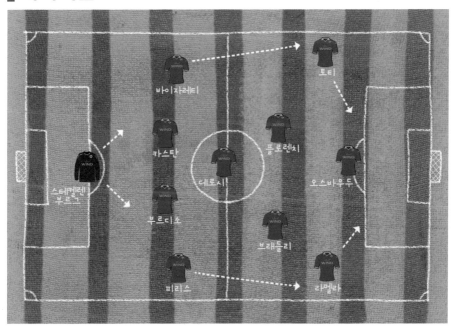

콤팩트한 4-3-3 진형으로 공격 축구를 지향했다. 빠른 직선 공격이 주된 방법이었기 때문에 도중에 볼을 빼앗기면 진형이 앞뒤로 길게 늘어진 상태로 역습을 당하게 된다. 어디까지나 공격에서도 콤팩트한 진형을 중시해서 포워드는 수비로 완전히 돌아오지 않은 채 전방에 남는다. 앞쪽에 세 명이 남아 있어 역습 기회에서 유리해진다. 지공을 펼칠 때는 윙어가 중앙 영역으로 들어가서 상대 위험 지역에서 기회를 만들고 풀백이 측면 공격을 담당한다. 전체적으로 높은 위치에서 콤팩트한 대형을 유지한다.

04 엘레니오 에레라

Helenio Herrera Gavilén

엄격한 규율과 전술 센스로
유럽 축구계를 석권한 마법사

아르헨티나, 모로코, 프랑스, 스페인, 이탈리아까지 총 5개국의 여권을 사용했던 엘레니오 에레라 감독은 카테나치오(골문 앞에서 빗장을 잠근다는 의미의 수비 전술-역주)를 세상에 보급한 지도자로 기억된다.

프랑스에서 현역 선수로 뛴 뒤에 스페인에서 아틀레티코 마드리드를 지도하며 주목받았다. 이후 부임한 바르셀로나에서 리그 연패를 달성했지만 유러피언컵(현 UEFA챔피언스리그)에서 숙적 레알 마드리드에 패한 책임을 지고 물러났다. 이탈리아로 돌아와 인테르를 이끌고 유러피언컵 연패, 인터콘티넨털컵 우승을 거두며 '그란데 인테르'로 불린 전성기를 구가했다.

인테르 감독이 될 때까지 에레라는 공격적 플레이를 장점으로 삼았지만, 인테르에서는 이탈리아 특유의 카테나치오를 도입해서 뚜렷한 성과를 냈

TECNICAL MEMO

4인 수비 뒤에 리베로를 세우는 철벽 수비. 수아레스가 경기를 조율한다. 창의력과 득점력을 겸비한 마촐라를 중심으로 속공을 무기로 삼았다. 포메이션은 좌우 비대칭. 오른쪽 자이르가 종방향으로 넓은 지역을 커버했고, 왼쪽의 코르소는 자유롭게 움직였다. 비어 있는 왼쪽 측면은 파케티가 담당했다.

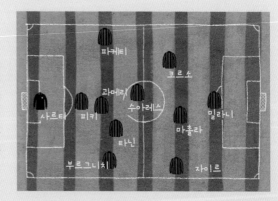

다. 독자적 포메이션에 의한 선수비후역습 스타일은 현재까지 이어져 내려오는 전통이다. 에레라 본인은 역습 전술에 특별한 재능을 보였다. "막기만 하는 것은 어떤 바보라도 할 수 있다"라는 어록으로 유명하다.

바르셀로나 시절부터 애제자였던 루이스 수아레스를 플레이메이커로 세우고, 레프트백인 파케티를 공격에 가담시키는 새로운 전술을 구사했다. 60년대만 해도 풀백의 공격 가담은 매우 드물었다. 포지션의 개념을 깨트린 최초의 시도라고 할 수 있다.

구단 관리 측면에서도 지금까지 통할 만한 지도력을 발휘했다. 경기 전에 선수들을 집합시키는 '콘센트라시온(집중)'과 엄격한 컨디션 관리 등은 요즘은 당연시되는 부분이지만 당시는 매우 선진적 관리법이었다. 마법사라는 별명답게 카리스마가 강하고 프로페셔널리즘을 요구했던 최초의 축구 감독으로도 평가된다.

Helenio
Herrera
Gavilán

【경력】 아틀레티코 마드리드의 리그 연패로 명성을 얻었다. 1958년 바르셀로나 감독으로 부임해 전성기의 레알 마드리드를 물리치고 리그 연패를 달성했다. 1960년부터 이탈리아의 인테르를 세리에A 3연패, 유러피언컵 연패로 이끌었다.

CHAPTER 5

레전드 계열

Legends

축구계에 뚜렷한 족적을 남긴 감독들. 지금도 현역에서 왕성하게 활동하는 베테랑도 있다.
다양한 타입의 감독이 포함된다. 전술가가 있는가 하면 승부사도 있다.
각자 강한 개성과 부침이 없는 스타일이 공통점일지 모른다.
수많은 축구 감독 중에서도 비교적 축구 팬들에게 익숙한 현대 축구 명장들을 정리해봤다.

알렉스
퍼거슨

유나이티드는
항상 전진하는 버스다.
무슨 일이 일어나든,
당신이 있든 없든
버스는 전진한다.

국 적	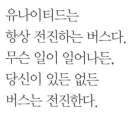 스코틀랜드		애 칭	퍼기
생년월일	1941년 12월 31일			
유형	☑ 열정형 ☐ 온화형 ☐ 냉정형 ☐ 이론형			
지도 경력	1974	✖ 이스트 스털링셔		
	1974~1978 ✖ 세인트 미렌			
	1978~1986 ✖ 애버딘			
	1985~1986 ✖ 스코틀랜드 국가대표			
	1986~2013 ✚ 맨체스터 유나이티드			
주요 우승 기록	프리미어리그 13회, FA컵 5회, UEFA챔피언스리그 2회(1998~99, 2007~08), UEFA 컵위너스컵(1990~91), 스코틀랜드리그 3회 등			

▷ 맨체스터 유나이티드의 전설

스코틀랜드 리그에서 공격수로 뛰었으나 눈부신 경력은 아니었다. 1974년 감독으로 부임한 이스트 스털링셔(3부)에는 등록 선수가 8명밖에 없었지만 초단기간 내에 리그 선두로 나섰다. 수완을 인정한 세인트 미렌이 퍼거슨을 감독으로 영입했다. 세인트 미렌에서 2부 우승을 달성했다. 애버딘에서 절대 2강(셀틱, 레인저스)을 누르고 리그 우승 3회를 달성해 명성을 높였다. 1986년 멕시코월드컵에서 스코틀랜드 국가대표팀 감독을 역임한 후 맨체스터 유나이티드의 감독으로 부임했다.

퍼거슨은 부임 초기부터 선수들에게 금주를 지시하는 등 고삐를 당겼다. '헤어드라이어'라 불릴 정도로 선수를 무섭게 다그치는 것으로 유명하다. 유나이티드 감독 말년에는 코치에게 훈련을 전부 맡긴 채 본인은 선수들의 모습만 관찰했다. 한 단계 높은 지점에서 팀 전체를 파악하는 스타일은 감독보다 구단의 사무총장에 가깝다. 실제로 선수 영입 등 구단 운영의 실권을 쥐고 있었다. 선수 영입에 큰 권한을 갖고 있었던 덕분에 세대교체와 팀 리빌딩 작업에서 본인의 뜻을 관철할 수 있었다. 이례적으로 장기 집권이 가능했던 바탕이기도 했다.

1992~93시즌 첫 우승부터 2012~13시즌까지, 프리미어리그에서만 13차례 우승했다. 1993~94, 1995~96시즌은 더블, 1998~99시즌은 UEFA챔피언스리그까지 제패하는 트레블을 달성함으로써 맨유의 황금기를 쌓아 올렸다.

타의 추종을 불허하는 실적과 승부 본능

경주마의 마주로도 유명한 퍼거슨은 선수의 소질을 알아채는 혜안과 뛰어난 승부욕을 지닌 감독이다. 칸토나 시절, 선수들의 훈련을 돕기 위해 유소년팀의 유망주가 크로스를 올리고 있는 모습을 지켜보던 퍼거슨은 그 어린 선수를 1군으로 발탁했다. 바로 베컴이다. 긱스를 영입하기 위해 매일 저녁 긱스의 집을 방문했다는 일화도 있다. 기본 포메이션은 영국 전통인 4-4-2로, 많이 뛰면서도 기술이 좋은 선수를 등용했다. 4-4-2뿐 아니라 4-3-3 등도 유연하게 구사했다. 그러나 퍼거슨은 전술가보다 팀 편성의 스페셜리스트라 해야 한다. 재능 있는 선수들을 모아 많이 뛰게 하는 전술을 활용함으로써, 비록 혁신가 타입은 아니지만 타의 추종을 불허하는 실적을 남겼다.

그는 재능과 체력을 병립시키는 달인이다. 1992~93시즌 프리미어리그 첫 우승의 공헌자는 리즈에서 획득한 칸토나였다. 어느 팀에서도 평온하게 지내지 못했던 문제아였는데 퍼거슨 감독 아래서 재능을 꽃피웠다. 스타플레이어가 게을러지는 모습을 절대 용서하지 않으면서 경주마처럼 계속 뛰게 하는 수완으로는 퍼거슨만 한 인물이 없다. 전술적으로는 많이 뛰면서 수비하고, 역습에서는 개인기를 앞세워 상대를 무너뜨린다. 베컴, 호날두, 긱스, 스콜스, 판페르시가 대표적 스타들이었다. 베컴이나 호날두처럼 존재감이 너무 커진 스타들을 단숨에 처분할 만큼 팀보다 큰 개인을 용서하지 않았다.

대표적 포메이션
맨체스터 유나이티드(1998~99)

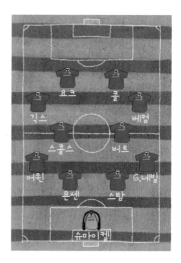

프리미어리그, FA컵, 챔피언스리그 모두에서 우승해 트레블을 달성했던 시즌이다. UEFA챔피언스리그 결승전에서는 0-1로 뒤진 후반전 추가 시간에 코너킥으로만 두 골을 넣어 기적 같은 역전승을 거뒀다. 솔샤르, 셰링엄을 교체 투입한 판단도 빛났다. 요크와 콜 투톱이 득점을 양산했고, 유소년 출신인 베컴, 긱스, 스콜스, 네빌이 팀의 주축으로 활약했다. 구단 충성도가 높은 육성 선수와 즉시 전력이 되는 영입 선수를 잘 조합해서 퍼거슨 감독 특유의 전투력 강한 팀을 꾸렸다. 승부욕과 폭발력이 빛을 발했다.

메커니즘

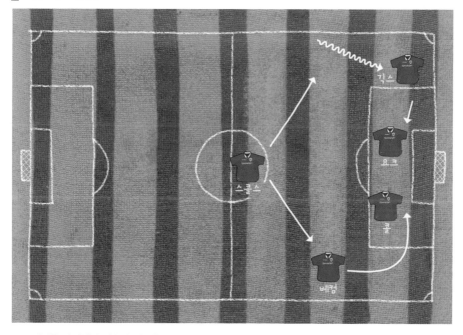

트레블을 달성했던 맨유의 전술은 간단했다. 스콜스가 볼을 좌우로 뿌린다. 오른쪽의 베컴이 정확한 크로스를 보내고, 왼쪽의 긱스는 장점인 드리블을 살려 안으로 파고든다. 결정력 높은 포워드가 좌우에서 올라오는 크로스를 확실하게 골로 연결한다. 수비에서는 베컴, 긱스를 포함한 모든 선수가 계속 뛰면서 거칠게 마크한다. 각 포지션에 몸싸움이 강한 선수를 배치하고 팀플레이를 중시하는 스타일이다. 그러나 마지막 KO 펀치를 날릴 때는 특별한 장점이 있는 선수를 앞세워 승부를 건다.

아르센 벵거

패스는 미래를 향해 보내라.

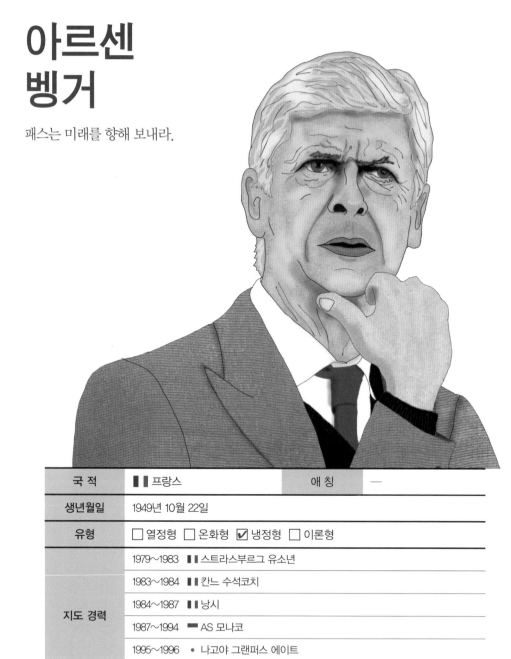

국 적	▮▮ 프랑스	애 칭	―
생년월일	1949년 10월 22일		
유형	☐ 열정형 ☐ 온화형 ☑ 냉정형 ☐ 이론형		
지도 경력	1979~1983 ▮▮ 스트라스부르그 유소년		
	1983~1984 ▮▮ 칸느 수석코치		
	1984~1987 ▮▮ 낭시		
	1987~1994 ▬ AS 모나코		
	1995~1996 • 나고야 그랜퍼스 에이트		
	1996~2018 ✚ 아스널		
주요 우승 기록	리그앙(1987~88), 프랑스컵(1984~85, 1990~91), 프리미어리그(1997 ~98, 2001~02, 2003~04), FA컵 7회		

▷ 이지적 축구를 실천한 교육자

일본 J리그에서 아시아 무대도 경험했던 아르센 벵거는 지도자로서 낭시, AS 모나코, 나고야, 아스널까지 네 팀을 거쳤다. 모나코에서 7시즌, 아스널에서는 무려 22시즌을 보냈다. 한 팀에서 3년이면 '오래 한다'는 평가를 받는 것이 통상적인 축구계에서 벵거 감독은 수명이 매우 긴 경우라 할 수 있다.

'감독은 교육자'라고 주장하는 벵거는 수많은 스타를 키웠다. 모나코에서 앙리와 웨아를 배출했고, 아스널에서 베르캄프를 부활시키는 등 능력을 만개시킨 선수가 셀 수 없을 만큼 많았다. '조직이 조화를 유지할 수 있는 룰을 만든다'가 벵거 감독의 모토였다. 나름대로 규율을 엄격하게 주문하면서도 선수를 옭아매기보다 모두가 행복하게 뛰게 하기 위한 룰을 지향한다. 자율성이야말로 벵거 감독이 장수할 수 있었던 비결일지 모른다.

아스널 감독으로 부임했을 때만 해도 아무도 모르는 어린 선수를 데려와서 쏠쏠한 효과를 봤다. 하지만 10대 유망주의 스카우트 정보가 보편화되면서 선수 이적료가 천정부지로 치솟았다. 벵거는 선수 영입 경쟁에서 한발 떨어져 상식적으로 접근했지만, 축구계에서 그런 상식은 곧 비상식이 되었다. 스타 영입에서 항상 한 발 뒤진 이유였다. 2003~04시즌 무패 우승 신화를 쓰고도 이후 프리미어리그에서 우승하지 못한 배경에는 이런 배경이 작용했을 것이다.

신사적 매너로 유명한 그가 때로는 심판 판정에 강하게 불만을 표시하는 바람에 퇴장당하는 장면도 연출되었다. 그런 열정이 있었기에 오랫동안 축구의 최전선을 지킬 수 있었다.

아르센 벵거의
전술 형태

규율과 자유를 조화시키다

AS 모나코 감독 시절부터 공격적 스타일로 정평이 나 있었다. 날카로운 역습과 세련된 점유 축구 모두에 능한 팀을 만든다. 합리적 전술로 선수를 억압하지 않고 재능을 성장시키는 장점이 있다. '조화를 유지하는 룰'이란 사고방식은 전술에도 적용되었다. 형태에 갇힌 플레이가 아니라 상황별 판단력의 개선을 통해서 퀄리티 향상을 꾀한다.

2005~06 UEFA챔피언스리그에서는 첫 결승 진출을 이뤘다. 레알 마드리드, 유벤투스를 격파하고 올라간 것이다. 결승전에서 바르셀로나에 패했지만 아스널이 유럽 최정상에 가장 근접했던 성과였다. 특이하게도 당시 아스널은 4-5-1의 선수비 후역습 전술을 선보였다. 공격 일변도라고 여겨지던 벵거 감독으로서는 예상 밖의 포석이었는데 현실 감각도 갖고 있다는 증거라 할 수 있다. 하지만 당시를 제외하고는 공격적 자세를 잃지 않았다. 몇 차례 예외적 전술 판단 외에는 이상적 축구를 추구했다.

재능을 알아보는 눈썰미는 확실했다. 모나코 시절 발굴한 웨아는 발롱도르를 수상한 첫 아프리카 선수로 성장했다. 인테르에서 부진을 면치 못하던 베르캄프를 스트라이커 포지션에서 만개시키기도 했다. 유소년 시절부터 지도했던 앙리는 유벤투스에서 풀백으로 뛰면서 적응하지 못했는데, 아스널에서 스트라이커로 변신한 후 슈퍼스타가 되었다.

대표적 포메이션
아스널(2003~04)

1889년 프레스턴 노스엔드가 기록한 무패 우승은 11경기로 이룬 결과였다. 아스널은 38경기를 치러 달성한 전인미답의 무패 우승이었다. 연속 무패는 49경기까지 이어졌다. 독일 대표팀의 골키퍼 레흐만과 극강의 캠벨을 중심으로 한 수비진, 볼 탈취력이 발군인 지우베르투 시우바와 비에이라가 수비형 미드필더 콤비를 구성했다. 왼쪽 측면의 피레스를 축으로 베르캄프와 앙리의 개인기로써 득점을 양산했다. 화려한 패스워크와 콤비네이션, 스피드를 겸비한 팀이었다.

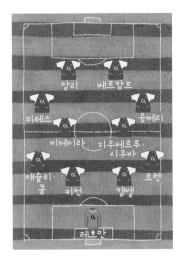

메커니즘

개인의 능력을 팀플레이로 확장하는 벵거 감독이 채용했던 방법 중 하나가 오버래핑이었다. 레프트윙이 볼을 소유하면 풀백이 추월해서 상대 진영 깊숙이 침투한다. 상대의 수비 라인이 아래로 내려가기 때문에 그 앞에 공간이 넓어진다. 피레스나 비에이라가 전진해서 그 이점을 살릴 수 있게 된다. 이 지점부터는 선수의 창의력과 개인기로 승부를 걸었다. 팀 전체가 그런 상황을 만드는 플레이를 준비해서 경기력을 극대화했다. 벵거 감독다운 개인과 팀의 균형 맞추기였다.

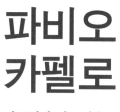

파비오
카펠로

번뜩임과 창조성을
다른 말로 하면
'의외성' 정도밖에
되지 않는다.

국 적	🇮🇹 이탈리아		애 칭	우승 청부사
생년월일	1946년 6월 18일			
유형	☐ 열정형　☐ 온화형　☑ 냉정형　☐ 이론형			
지도 경력	1982~1986　🇮🇹 밀란 유소년		1999~2004	🇮🇹 로마
	1986~1987　🇮🇹 밀란 수석코치		2004~2006	🇮🇹 유벤투스
	1987　　　　🇮🇹 밀란		2006~2007	🇪🇸 레알 마드리드
	1991~1996　🇮🇹 밀란		2008~2012	✚ 잉글랜드 국가대표
	1996~1997　🇪🇸 레알 마드리드		2012~2015	🇷🇺 러시아 국가대표
	1997~1998　🇮🇹 밀란		2017~2018	🇨🇳 장수 쑤닝
주요 우승 기록	세리에A(1991~92, 1992~93, 1993~94, 1995~96, 2000~01, 2004~05, 2005~06), 라리가(1996~97, 2006~07), 챔피언스리그(1993~94)			

▷ 규율을 중시하는 우승 청부사

우승 청부사로 불린 파비오 카펠로는 칼같이 정리된 팀을 만드는 능력이 탁월하다. 밀란의 유소년 감독으로 성공을 거뒀고, 말디니와 코스타쿠르타를 1군 멤버로 키웠다. 1986~87시즌부터 밀란 1군에서 수석코치로 일하다가 닐리스 리드홀름 감독의 사임 후 6경기 동안 지휘봉을 잡았다. 1987~88시즌에 실비오 베를루스코니 회장이 아리고 사키를 새 감독으로 지명하자 카펠로는 행정 업무에 배치되었다. 당시 사키 감독의 혁명적 전술을 바로 옆에서 관찰할 수 있었던 것이 그 후 카펠로에게 큰 도움이 된 것으로 추정된다.

사키가 이탈리아 국가대표팀으로 떠난 1991년부터 카펠로는 본격적으로 밀란에서 감독 경력을 시작했다. 카펠로는 전임자의 실적을 뛰어넘는 성공을 거뒀다. 밀란에서만 5시즌 중 4차례 우승을 차지했다. 1992~93시즌부터 3년 연속으로 UEFA챔피언스리그 결승전에 진출했고, 1993~94시즌 바르셀로나를 4-0으로 대파하며 우승했다. 로마에서 18년 만에 리그 우승을 달성했고, 유벤투스에서도 리그 2연패(이후 승부 조작 혐의로 우승 기록 박탈)에 성공했다. 레알 마드리드에서는 라리가 우승을 두 차례 기록했으나 모두 한 시즌 만에 해고되는 비운을 맞이했다. 두 번 모두 팬들로부터 '수비적'이라는 이유로 인정받지 못했다. 2008년부터 2015년까지는 잉글랜드와 러시아 국가대표팀을 이끌었고, 2017년 중국 슈퍼리그에 진출했다.

엄격한 지도 방식으로 유명하지만 정작 본인은 '엄격한 것이 아니라 진지할 뿐'이라고 주장한다. 선수에게 규율 준수를 요구하면서 전체가 하나로 뭉쳐 승리를 향해 돌진하는 팀을 만든다.

파비오 카펠로의 전술 형태

기교파 감독의 하드워크

전술적으로는 밀란의 전임자인 사키의 존디펜스를 따른다. 압박 라인을 약간 전진시켜서 안정적 경기력을 지향한다. 전임자의 전술을 살짝 느슨하게 풀어준 것이 포인트다. 사키의 밀란은 UEFA챔피언스리그 연패에도 세리에A 우승이 한 번밖에 없었다. 반면 카펠로는 UEFA챔피언스리그 우승과 함께 스쿠데토(세리에A 우승팀이 다음 시즌 유니폼에 붙이는 문양-역주)를 네 번이나 획득했다. 이후 로마와 유벤투스에서도 확실하게 리그를 접수했다.

크루이프 감독의 바르셀로나에 대승을 거뒀던 1993~94 UEFA챔피언스리그 결승전이 카펠로 감독의 하이라이트였다. 바르셀로나가 우세하다는 전망이 지배적이었지만 밀란은 드사이를 중심으로 영리한 수비를 펼치고 상대의 패스워크를 철저히 봉쇄하면서 번개 같은 역습으로 연속 골을 터트렸다.

바르셀로나의 크루이프 감독은 그날 경기를 '공격 대 수비, 기술 대 체력'이라고 정의했지만, 밀란의 미드필더 4인 중 드사이를 제외한 3인은 테크니션들이었다. 체력과 기술을 겸비한 3명과 수비력이 발군인 드사이로 중원을 꾸민 카펠로 감독의 색깔이 잘 드러난 경기였다. 전원 공격 또는 전원 수비 방식이 아니라 적절히 균형을 지켰다. 기술만 좋고 체력이 떨어지는 선수는 기용하지 않았다. 한편 밀란에서는 판바스턴과 훌리트, 로마에서는 토티 등 중심이 되는 공격수의 개성이 팀 공헌도로 직결되는 시스템을 운영했다.

대표적 포메이션
AC 밀란(1993~94)

다섯 시즌을 보내면서 스쿠데토 4회, UEFA챔피언스리그 1회 우승에 빛나는 '그란데 밀란' 시대를 구축했다. 전임자인 사키의 압박 전술을 계승하면서도 경기 중에 압박 라인을 아래로 내렸다. 존디펜스와 압박 전술이 세계적으로 보편화하는 추세에서, 압박 영역을 아래로 내려 수비 뒷공간을 허용할 소지를 없앰으로써 안정적 경기력을 실현했다. 우선 상대 공격력을 무력화한 뒤에 공격한다는 점에서는 카테나치오 정신을 계승한다고도 할 수 있다. 바르셀로나를 격파한 UEFA챔피언스리그 결승전에서는 천재 테크니션 사비체비치를 포워드로 기용해 효과를 보았다.

메커니즘

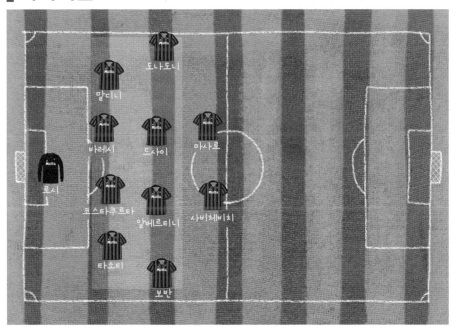

압박 영역을 아래로 내려 효율적 경기력을 실현하는 전술로서 전 세계적으로도 표준처럼 자리 잡았다. 라인의 뒤를 내줄 여지를 줄인다. 상대를 자기 진영으로 끌어들이기 때문에 더욱 견고한 수비가 필요하다. 볼 탈취 지점이 상대 골문에서 멀기 때문에 긴 거리를 커버할 수 있는 역습 능력과 주력을 갖춰야 한다. 역습이 막혔을 때 점유 축구로 전환하는 능력도 필요하다. 공수 양면에서 종합적 능력이 높은 선수들로 구성했을 때 효율의 극대화를 기할 수 있다.

루이스 판 할

그라운드에서
기다리고 있는 것은
죽음과 글라디올러스(꽃말=승리),
둘 중 하나다.

국 적	네덜란드		애 칭	강철 튤립
생년월일	1951년 8월 8일			
유형	☐ 열정형 ☐ 온화형 ☐ 냉정형 ☑ 이론형			
지도 경력	1986~1988	AZ알크마르 수석코치	2002~2003	바르셀로나
	1988~1991	아약스 수석코치	2005~2009	AZ 알크마르
	1991~1997	아약스	2009~2011	바이에른 뮌헨
	1997~2000	바르셀로나	2012~2014	네덜란드 국가대표팀
	2000~2002	네덜란드 국가대표팀	2014~2016	맨체스터 유나이티드
주요 우승 기록	에레디비시(1993~94, 1994~95, 1995~96, 2008~09), UEFA챔피언스리그 (1994~95), 라리가(1997~98, 1998~99), 분데스리가(2009~10), FA컵(2015~16) 등			

▷ 호불호가 극명히 갈리는 전술가

선수 시절 별다른 실적이 없었지만, 감독으로서 대성공을 거뒀다. 1991년 부임한 아약스에서 6시즌 동안 에레디비시 리그 3회 우승을 기록했다. 1994~95시즌의 우승은 무패 기록이었다. 해당 시즌 UEFA챔피언스리그에서 우승했고, 다음 시즌도 결승전에 진출했다. 젊은 선수를 발굴해 공격적인 3-4-3 시스템으로 유럽을 석권하는 퍼포먼스를 발휘했다. 마르셀로 비엘사 등 많은 감독으로부터 영감을 얻었다.

바르셀로나에서도 1997~98, 1998~99시즌 라리가를 연패했다. 1997~98시즌은 코파델레이까지 보탠 더블이었다. 하지만 세 번째 시즌에 우승을 놓치자 팬 지지를 잃어 사임해야 했다. 네덜란드 선수를 우대한 점, UEFA챔피언스리그에서 이기지 못한 점이 치명적이었다. 본인의 지식을 과신한 나머지 독선적으로 보이는 측면이 있어서 적이 많은 감독으로 알려졌다. 바르셀로나 시절 함께 일했던 수석코치가 바로 조제 모리뉴다.

2000년 네덜란드 국가대표팀 감독으로 부임했으나 2002년 한일월드컵 유럽 예선에서 탈락한 책임을 지고 물러났다. 2008~09시즌 AZ 알크마르를 에레디비시 우승으로 이끌어 명예를 회복했다. 알크마르의 리그 우승은 28년 만의 쾌거였다. 바이에른 뮌헨을 이끌던 2009~10시즌에는 국내 리그와 컵 대회를 차지했고, UEFA챔피언스리그에서도 결승전까지 올라갔으나 모리뉴 감독의 인테르에 패해 준우승에 머물렀다. 두 번째 네덜란드 국가대표팀을 이끌고 2014년 브라질월드컵에서 4강에 진출했다. 2014~15시즌부터 맨체스터 유나이티드를 두 시즌 이끌었지만, 리그 우승에 실패하며 물러났다. 유능하지만 고집이 센 지도자다.

루이스 판 할의
전술 형태

스타플레이어와 불협화음을 일으키는 희대의 전술가

아약스 시절 공격적인 3-4-3으로 돌풍을 일으켰다. 바르셀로나에서도 네덜란드 특유의 공격형 스리톱으로 성과를 남겼다. 반면 에이스인 히바우두와의 불화가 표면화되는 등 스타플레이어와 상성이 나쁘다.

팀을 만드는 작업에서 타협이 없다. 판 할의 이론에 따라서 팀이 만들어지면 고성능 머신처럼 폭발한다. 그러나 선수들에게 지나치게 세세한 주문을 쏟아내는 경향도 있다. 히바우두, 스토이치코프, 리켈메, 디마리아 등 개성과 천재성이 두드러진 스타들에게 그는 이해하기 어려운 지도자로 비쳤다.

젊은 선수의 능력을 꿰뚫어 과감하게 발탁하는 능력이 뛰어나다. 클루이베르트, 이니에스타 등을 발굴한 주인공이다. 본인이 키운 선수, 자신의 전술에 순종하는 선수로 팀을 꾸미면 강력한 능력을 발휘한다. 아약스에서는 젊은 선수가 많았고, 바르셀로나에서는 네덜란드 선수들이 중심이었다. 무명 선수들만 있었던 알크마르에서도 판 할 축구가 잘 통했다. 반대로 네덜란드 국가대표팀 1기, 바르셀로나 2기, 맨체스터 유나이티드는 실패했다. 존재감이 큰 선수들을 제대로 활용하지 못했다. 판 할의 스타일에 맞추다 보면 경기 자체가 따분해진다는 단점도 있었다. 기본적으로 네덜란드 특유의 공격 중심 축구이지만, 2014년 브라질월드컵에서는 수비적 전술을 구사하면서 4강 진출에 성공했다. 알고 보면 전술 아이디어가 가장 많은 감독이다.

대표적 포메이션
아약스(1991~97)

판 할 감독의 첫 작품이자 최고 성공작. 레이카르트를 제외하면
당시 스타라 할 선수가 없었지만, 밀란을 꺾고 1994~95 UEFA
챔피언스리그에서 우승했다. 다양한 방향으로 패스를 돌리면서
피니디와 오베르마스가 양쪽 측면을 뒤흔든다. 수비에서는 상황
에 맞게 대인방어와 지역방어를 혼용하고, 강한 압박으로 상대
공격의 씨를 말린다. 2선 중앙 포지션에서 득점을 양산한 리트
마넨은 유럽 약체인 핀란드 출신이었다. 유벤투스에 승부차기로
패한 1996~97 UEFA챔피언스리그 결승전에서도 강한 전력을
선보여 '역대급'으로 평가된다.

메커니즘

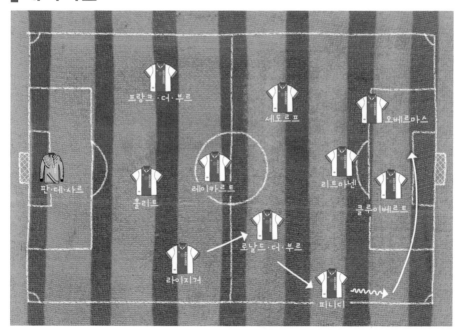

판 할 감독의 팀에서는 트라이앵글을 만들어 빠른 템포로 패스를 이어가는 공격 패턴이 공통적으로 나타난
다. 포지션을 엄격하게 고정한다. 철저한 땅볼 패스를 정확하고 빠르게 연결해 측면에 다다른다. 측면에서
일대일 싸움으로 상대를 제압한 뒤에 정확한 크로스를 올리는 윙어, 중앙에서 크로스를 해결하는 스트라이
커를 보유해 대량 득점을 올린다. 하지만 그럴 만한 인재가 없으면 패스를 연결해도 측면에서 막히고 만다.
문전을 향하는 크로스를 난발하는 단순한 패턴이 단점이다.

루이스
펠리페
스콜라리

다들 운이 좋았다고
말하는데, 그것으로
타이틀을 16개나 땄다.

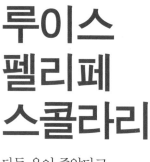

국 적	브라질		애 칭	펠리폰
생년월일	1948년 11월 9일			
유형	☑ 열정형　□ 온화형　□ 냉정형　□ 이론형			

지도 경력				
1982	CSA	1993~1996	그레미우	
1982~1983	주벤투지	1997	주빌로 이와타	
1983	브라질 데 펠루타스	1998~2000	팔메이라스	
1984~1985	알샤밥	2000~2001	크루제이루	
1986	펠루타스	2001~2002	브라질 국가대표팀	
1986~1987	주벤투지	2003~2008	포르투갈 국가대표팀	
1987	그레미우	2008~2009	첼시	
1988	고이아스	2009~2010	분요드코르	
1988~1990	알카디시야	2010~2012	팔메이라스	
1990	쿠웨이트 국가대표팀	2012~2014	브라질 국가대표팀	
1990	코리치바	2014~2015	그레미우	
1991	크리시우마	2015~2017	광저우 헝다	
1991	알아흘리	2018~	팔메이라스	
1992	알카디시야			

주요 우승 기록	FIFA월드컵(2002), 코파 리베르타도레스(1995, 1999), 브라질챔피언십(1987, 1995, 1996), AFC챔피언스리그(2015), 브라질리그(2018) 등

▷ 실용적이고 강건한 '가우초' 스타일

브라질 남부(히우 그란지 두 술) 출신인데, 이 지역의 사내들을 '가우초'라 부른다. 미국으로 치면 카우보이와 비슷하다. 즉 마초 성향이 짙다. 루이스 펠리페 스콜라리는 그야말로 축구계 최고의 '가우초' 타입이다.

수비는 단단한 조직력, 공격은 선수들의 재능에 의존한다. 주로 그레미우에서 실적을 남겼고, 2002년 한일월드컵에서 브라질 국가대표팀의 감독으로 전승 우승을 달성했다. 단단한 수비와 3R(호나우두, 히바우두, 호나우지뉴)의 개인기에 의한 공격으로 접전에서 승리를 굳혔다. 대회 전까지 국민적 지지를 받았던 호마리우를 엔트리에서 제외했다. 일단 결정을 내리면 주위의 비판에도 타협하지 않는다. 포르투갈 국가대표팀 감독으로서는 자국에서 개최한 유로2004에서 준우승, 2006년 독일월드컵에서 4강 실적을 남겼다. 크리스티아누 호날두를 에이스로 키웠고, 팬들의 반대를 무릅쓰고 브라질에서 귀화한 데쿠와 페페를 중용했다.

2014년 브라질월드컵에서 기술 고문인 카를루스 아우베르투 파헤이라와 함께 월드컵 우승 감독 콤비를 꾸몄다. 그러나 준결승전에서 독일에 1-7이란 역사적 대패를 당한 데 이어, 3위 결정전에서도 네덜란드에 0-3으로 완패했다. 견고한 수비를 기본으로 에이스인 네이마르의 능력을 살리는 전술이었다. 상대를 분석해서 약점을 노리는 전술은 나름대로 효과를 거뒀다. 다만 벼락치기라는 느낌을 극복하지 못한 채, 팀의 전력 극대화에 실패했다.

루이스 판 할의
전술 형태

가변형 포메이션과 전설의 3R

상대가 투톱이면 백3, 원톱(스리톱)이면 백4라는 식으로 포메이션을 바꾸는 가변형 전술은 1994년 미국월드컵에서 우승했던 브라질 대표팀부터 시작되었다. 1998년 프랑스월드컵에서는 전통적인 지역 방어 중심의 백4 전술로 회귀했으나 2002년 대회에서 스콜라리 감독은 다시 가변형 전술을 부활시켰다. 투톱을 사용하는 상대가 많았기 때문에 대부분 경기에서 미드필더인 에드미우송이 리베로로 뛰었다.

상대에 따라 한 명의 수적 우위를 확실히 했던 수비 전술은 당시에도 약간 구식처럼 보였다. 급조된 백3 전술은 조직적으로도 완벽해 보이지 않았다. 그러나 강한 대인 마크와 수적 우세의 수비로 상대 공격을 봉쇄하면서, 3R의 개인기와 창의성이 넘치는 공격으로 득점을 양산했다. 탄탄한 수비와 천재적 공격수들의 조합은 스콜라리 감독다운 팀빌딩이라 할 수 있다.

호나우두, 히바우두, 호나우지뉴 3R의 포지션도 자유자재로 바꾸었다. 상대에 따라 세 명이 위치를 미묘하게 바꾸는 작전은 상대 분석과 약점 공략에 능한 스콜라리 감독다운 색깔이 드러났다고 할 수 있다. 2014년 브라질월드컵 조별리그의 카메룬전은 철저하게 롱패스 작전으로 치렀다. 브라질답지 않은 모습이었지만 카메룬의 수비 라인이 높았기 때문에 허를 찌르는 노림수였다. 상대에 따른 맞춤 전술을 중시하는 필승주의자다.

대표적 포메이션
브라질 국가대표팀(2002)

확실히 수비하고 3R의 공격력으로 승부를 거는 스콜라리 감독다운 팀이었다. 애초 화려한 미드필더인 주니뉴 파울리스타를 기용했지만, 대회 중에 운동량이 풍부하고 수비력이 좋은 클레베르송으로 교체했다. 호나우두, 히바우두, 호나우지뉴 덕분에 공격에 추가 에너지를 쓰기보다는 수비를 강화하는 현실적 축구 철학을 선보였다. 카푸, 호베르투 카를루스의 경이적 운동량과 공수 양면에 걸친 활약도 간과할 수 없다. 전승 우승은 '역대급'으로 평가받는 1970년 브라질 국가대표팀 이후 32년 만의 쾌거였다.

메커니즘

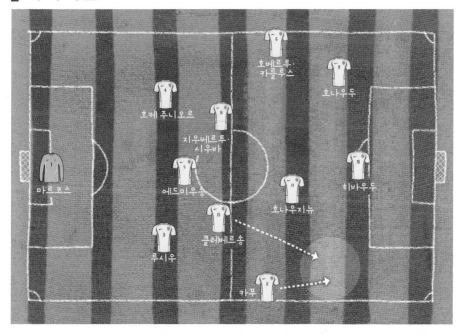

우선 수비는 아래로 내려가 마크 태세를 확실히 갖춘다. 주로 리베로가 남아서 커버링 임무를 수행한다. 일대일 상황에서 거친 반칙도 서슴지 않는다. 7명이 수비를 담당하면서 호나우두, 히바우두, 호나우지뉴가 개인의 드리블 돌파와 즉흥적인 콤비네이션으로 득점을 노린다. 양쪽 측면에 있는 카푸와 호베르투 카를루스가 빠른 발을 이용해 상대 진영에서 3R을 지원한다. 결승전에서 독일을 상대로 호나우두가 포지션을 왼쪽으로 옮기는 등 상황에 맞춰 위치를 바꾸기도 했다.

비센테
델 보스케

자신감과 활력이 넘치는
라커룸이 100시간 짜낸
전술보다 가치 있다.

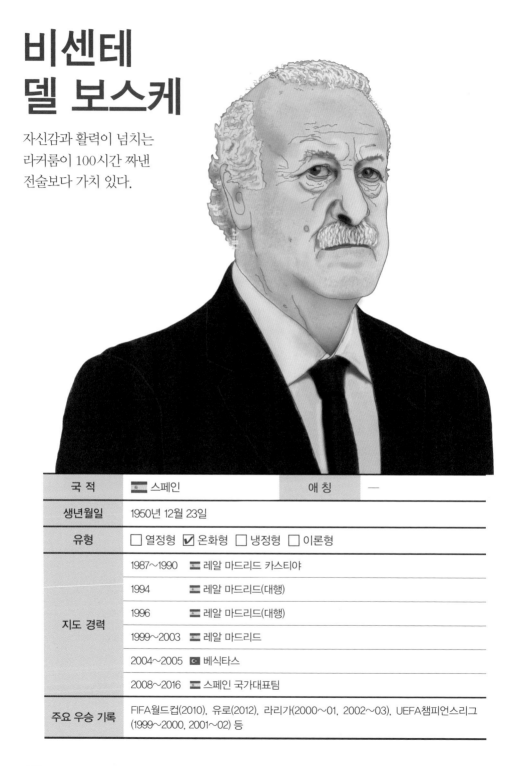

국 적	🇪🇸 스페인	애 칭	—
생년월일	1950년 12월 23일		
유형	☐ 열정형 ☑ 온화형 ☐ 냉정형 ☐ 이론형		
지도 경력	1987~1990 🇪🇸 레알 마드리드 카스티야		
	1994 🇪🇸 레알 마드리드(대행)		
	1996 🇪🇸 레알 마드리드(대행)		
	1999~2003 🇪🇸 레알 마드리드		
	2004~2005 🇹🇷 베식타스		
	2008~2016 🇪🇸 스페인 국가대표팀		
주요 우승 기록	FIFA월드컵(2010), 유로(2012), 라리가(2000~01, 2002~03), UEFA챔피언스리그 (1999~2000, 2001~02) 등		

▷ 비범한 평범함으로 위대한 업적을 남기다

2010년 남아공월드컵에서 스페인을 사상 첫 우승으로 이끌었고, 2년 뒤 유로2012에서도 우승했다. 그 전에도 레알 마드리드에서 UEFA챔피언스리그 우승 2회, 라리가 우승 2회를 해서 모든 타이틀을 거머쥔 감독이다. 타의 추종을 불허하는 업적이지만 정작 본인은 부각되지 않는다. 고대 중국에서는 왕이 남쪽을 향해 앉아 있는 것만으로 나라를 통치할 수 있는 것이 이상적이라 여겼다. 델 보스케 감독은 그런 존재감을 연상시킨다.

1970년대 레알 마드리드에서 미드필더로 활약했다. 은퇴 후에는 레알의 하위 팀인 카스티야를 지도하는 등 육성에 특화된 지도자라는 인상이 강하다. 레알의 감독이 경질될 때마다 감독 대행으로 나서 단기간 1군을 이끌기도 했다.

1999년 1월 존 토샥 감독이 해임되어 델 보스케가 세 번째 벤치에 앉았다. 이후 4시즌 동안 계속 타이틀을 수집하면서 레알의 황금시대를 열었다. 피구, 지단, 호나우두, 호베르투 카를루스, 라울 등 '로스 갈락티코스(스페인어로 은하계-역주)'라 불리는 스타 군단을 이끈 주인공이다.

2009년 스페인 대표팀 감독으로 부임해 8년 동안 장기 집권했던 시기도 팀의 최전성기였다. 이 정도 실적을 남기고도 본인의 존재감이 덜한 이유는 온화하고 겸허한 성품 탓이다. 그는 모든 선수를 성실하고 공평한 태도로 존중했고, 전술도 흠잡을 곳이 없었다. 스타들을 하나로 융화시키는 과정에서 권위를 내세우지 않고 진정성을 보여줌으로써 효과를 거둔 특별한 캐릭터다.

비센테 델
보스케의
전술 형태

아무것도 하지 않는 명장

감독이 아무것도 하지 않고도 팀이 이길 수 있다면, 아무것도 하지 않는 것이 정답이다. 델 보스케 감독은 그야말로 아무것도 하지 않는 것처럼 보였다. 실제로 그런 것은 아니지만, 큰 전술 변경이나 선수 기용의 변화가 거의 없다는 의미다. 유로2012에서 세스크 파브레가스를 센터포워드로 기용하는 '가짜 9번' 전술로 우승한 사례처럼 변화가 필요할 때도 그 폭을 최소한으로 한다. 손을 쓸 필요가 없을 때는 마지막 순간까지 움직이지 않는다.

레알의 갈락티코스 시절, 델 보스케 감독은 구단이 데려온 스타 공격수를 반드시 기용해야 했다. 공격 쪽에 무게중심이 쏠리는 상황에서 그는 세심하게 공수 균형을 지켰다. 호화 공격진의 뒤에서 궂은일을 하라고 마켈레레에게 지시했지만 그것으로 충분하지 않았다. 지단, 호나우두, 피구, 라울이라 할지라도 필요할 때는 모두 '마켈레레'가 되어야 했다. 그 덕분에 공수 균형이 아슬아슬하게 유지될 수 있었다. 수비를 강화하기 위해 어떤 조치를 한다거나 특별히 개선할 수 있는 상황도 아니었다. 다만 선수들은 델 보스케 감독을 실망시키면 안 된다는 인식을 공유하고 있었다.

델 보스케가 두 번째 리그 우승을 거둔 뒤에, 레알은 베컴을 영입하고 이예로 등 과거 공로자들을 정리하기로 결정했다. 델 보스케는 곧바로 사임했고, 이후 레알의 성적은 곤두박질했다.

대표적 포메이션
스페인 국가대표팀(2010)

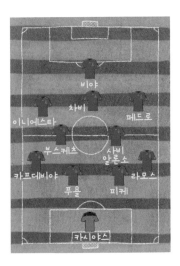

대회 첫 경기에서 스위스에 0-1로 패했다. 온두라스와 칠레를 연파해 조별리그를 통과한 후, 결승 토너먼트에서 4경기를 전부 1-0으로 이겨서 우승했다. 온두라스전(2-0)을 제외한 6경기가 모두 한 골 차 승부였다. 하지만 스페인은 항상 볼 점유를 통해 주도권을 쥐고 경기를 운영했다. 볼 점유율을 극대화해서 모든 경기를 완전하게 통제했기 때문에 한 골 차 승리였지만 불안하지 않았다. 기세를 이어 우승한 유로2012에서도 마찬가지였다. 선수의 개성과 팀의 스타일을 존중하면서 실용적 전술을 유지할 수 있었던 비결은 델 보스케 감독의 균형 감각이었다.

메커니즘

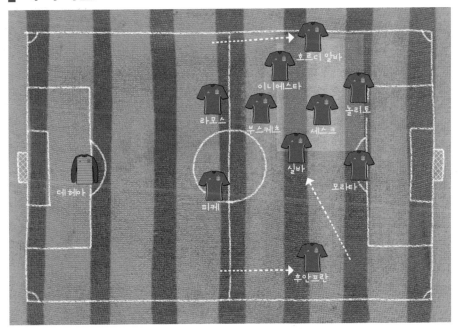

유로2016의 스페인은 기존 멤버와 스타일을 유지했다. 델 보스케 감독은 평소대로 아주 작은 변화만 주었다. 볼이 왼쪽에 있을 때 오른쪽 윙어인 D.실바가 왼쪽 영역으로 들어간다. 두 팀 선수들이 밀집한 영역이지만, 패스워크가 뛰어난 스페인은 수적 우위를 살릴 수 있었다. 워낙 밀집해 있는 덕분에 볼을 빼앗겨도 곧바로 압박하기 쉬웠다. 상대를 포위하고 부스케츠가 출구를 막는 식이었다. 뛰어난 패스 능력, 높은 점유를 전략적으로 살린 포석이었다.

오트마르 히츠펠트

스페인어도 배우기 전에
경질될 것이라 생각했다.
(레알 마드리드의 제안을 받고 고심한 끝에)

국 적	🇩🇪 독일		애 칭	—
생년월일	1949년 1월 12일			
유형	☐ 열정형 ☐ 온화형 ☑ 냉정형 ☐ 이론형			
지도 경력	1983~1984	🇨🇭 SC 주그		
	1984~1988	🇨🇭 FC 아라우		
	1988~1991	🇨🇭 그래스호퍼스		
	1991~1997	🇩🇪 보루시아 도르트문트		
	1998~2004	🇩🇪 바이에른 뮌헨		
	2007~2008	🇩🇪 바이에른 뮌헨		
	2008~2014	🇨🇭 스위스 국가대표팀		
주요 우승 기록	스위스리그(1989~90, 1990~91), 분데스리가(1994~95, 1995~96, 1998~99, 1999~2000, 2000~01, 2002~03, 2007~08), DFB 포칼(1999~2000, 2002~03, 2007~08), UEFA챔피언스리그(1996~97, 2000~01) 등			

▷ 스위스 사투리를 스는 독일 명장

스위스 국경 근처의 마을에서 태어났고 선수 생활도 스위스에서 했다. 감독으로서도 스위스 구단들을 이끌면서 명성을 얻었다. 보루시아 도르트문트에서 챔피언스리그 우승, 바이에른 뮌헨에서 두 번째 우승을 기록했다. 두 구단에서 UEFA챔피언스리그를 차지한 감독은 히츠펠트와 에른스트 하펠, 유프 하인케스, 조제 모리뉴, 카를로 안첼로티까지 총 5명뿐이다.

스위스에서 보낸 시간이 길고 자택도 스위스에 있다. 스위스인과 결혼했을 뿐 아니라 평소에도 스위스 사투리를 쓴다고 한다. 그가 스위스 사람인 줄 아는 스위스인들도 많고, 그가 '스위스에서 돈 벌러 온 감독'이라 생각하는 독일 팬도 있다. 레알 마드리드 등 빅클럽의 감독직 제안도 자주 받았지만, 독어권 외의 팀을 지휘할 생각이 없어서 모두 거절했다. 중국 광저우 형다의 제안을 받았을 때도 "벌써 66세로 손자까지 있다. 이제부터 할아버지 노릇에 충실할 생각이다"라며 고사했다.

조용한 삶을 지향한다. 5년간 바이에른을 이끈 후인 2004년에는 "지쳤다"라며 일선에서 물러나서 2007년 복귀할 때까지 3년을 쉬었다. 바이에른 1기에는 승률 60.5%, 분데스리가 우승 4회로 황금시대를 열었다. 2기도 분데스리가가 우승을 차지했다. 독일 대표팀 감독 제안도 거절했지만, 2008년이 되어 여러 차례 고사했던 스위스 대표팀 감독으로 부임해 2014년 브라질월드컵을 마지막으로 은퇴했다.

오트마르
히츠펠트의
전술 형태

치밀함과 견실함의 미덕

1996~97 UEFA챔피언스리그에서 우승했을 당시, 우승 후보 영순위는 유벤투스였다. 히츠펠트 감독의 보루시아 도르트문트가 결승전에서 그런 유벤투스를 3-1로 꺾고 사상 첫 우승을 차지했다. 당시의 준비는 실로 치밀했다.

도르트문트는 왼쪽 측면부터 공격했다. 골키퍼는 킥과 스로우를 대부분 왼쪽으로 보냈다. 왜 왼쪽 측면이었을까? 우선 철벽 수비를 자랑하는 유벤투스의 유일한 약점이 공중전이라는 사실을 꿰뚫어 봤다. 도르트문트의 투톱은 샤퓌자와 리들레였다. 샤퓌자는 왼발잡이, 리들레는 공중전에 강했다. 왼쪽 측면으로 공격해서 샤퓌자의 크로스를 리들레가 노리게 해야 했다. 여기엔 한 가지 더 숨은 의도가 있었다.

유벤투스의 지단에게 패스가 연결되지 않게 하기 위해서였다. 지단은 왼쪽에 치우쳐서 뛰는 버릇이 있었다. 지단이 없는 쪽에서 공격과 수비를 일으킴으로써 가장 위험한 상대 선수를 경기에서 고립시키는 데에 성공했다. 도르트문트는 왼쪽 측면 공격으로 얻은 코너킥으로, 리들레가 선제골을 터트렸다. 두 번째 득점자도 리들레였다. 리켄이 역습으로 세 번째 골을 넣었다.

상대의 약점을 공략하는 동시에 상대의 장점을 지운다. 승부의 철칙일 수도 있지만, 상대와 자기 팀 모두를 분석해서 왼쪽 측면으로 공격한다는 심플한 최선책을 찾아낸 점이야말로 히츠펠트 감독다웠다.

대표적 포메이션
보루시아 도르트문트(1996~97)

히츠펠트가 처음 맡았던 독일 구단이 바로 도르트문트였다. 1994~95시즌 32년 만에 리그에서 우승했고 다음 시즌 타이틀도 방어했다. 1996~97시즌에는 UEFA챔피언스리그에서 우승했다. 중심은 리베로인 잠머였다. 독일 대표팀에서 미드필더로도 뛰었지만, 도르트문트에서는 리베로의 새로운 경지에 올라 1996년 발롱도르를 수상했다. 맨마크 전문요원인 콜러를 축으로 단단한 수비에서 전개하는 역습이 빛을 발했다. 플레이메이커 묄러를 중심으로 한 공격력도 좋았다.

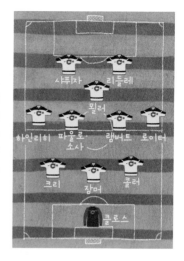

메커니즘

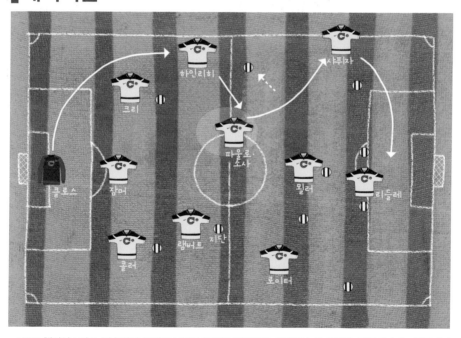

UEFA챔피언스리그 결승전인 유벤투스전의 작전은 간결했다. 유벤투스의 약점은 공중전이다→왼쪽에서 사뮈자가 크로스를 올린다→사뮈자에게 좋은 패스를 공급하는 파울로 소사를 자유롭게 해야 한다→파울로 소사와 매치업인 지단을 반대쪽으로 유인한다 → 램버트는 지단을 대인 마크하고 공격 시에도 오른쪽에서 지단을 끌어당긴다→골키퍼는 반드시 왼쪽으로 빌드업을 시작한다. 이게 전부다. 전반전에 골키퍼 클로스가 오른쪽으로 볼을 내준 것은 딱 한 번밖에 없었다. 반면 왼쪽 방향은 12차례였다.

유프
하인케스

우리에게는
공통의 목표가 있다.
우선 똑같은 양말을
신는 일부터
시작해야 한다.
(그는 훈련에서 다른 양말을 신는
선수에게 벌금을 매겼다.)

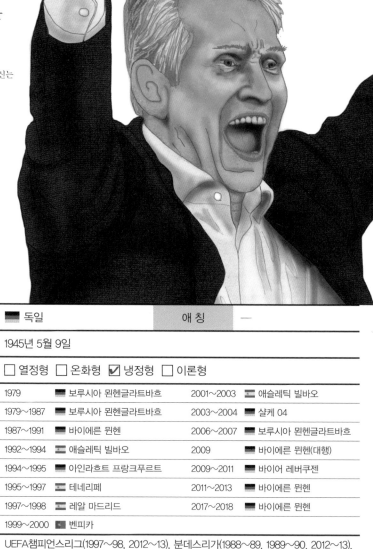

국 적	🇩🇪 독일		애 칭	—	
생년월일	1945년 5월 9일				
유형	☐ 열정형 ☐ 온화형 ☑ 냉정형 ☐ 이론형				
지도 경력	1979	🇩🇪 보루시아 묀헨글라트바흐	2001~2003	🇪🇸 애슬레틱 빌바오	
	1979~1987	🇩🇪 보루시아 묀헨글라트바흐	2003~2004	🇩🇪 샬케 04	
	1987~1991	🇩🇪 바이에른 뮌헨	2006~2007	🇩🇪 보루시아 묀헨글라트바흐	
	1992~1994	🇪🇸 애슬레틱 빌바오	2009	🇩🇪 바이에른 뮌헨(대행)	
	1994~1995	🇩🇪 아인라흐트 프랑크푸르트	2009~2011	🇩🇪 바이어 레버쿠젠	
	1995~1997	🇪🇸 테네리페	2011~2013	🇩🇪 바이에른 뮌헨	
	1997~1998	🇪🇸 레알 마드리드	2017~2018	🇩🇪 바이에른 뮌헨	
	1999~2000	🇵🇹 벤피카			
주요 우승 기록	UEFA챔피언스리그(1997~98, 2012~13), 분데스리가(1988~89, 1989~90, 2012~13), DFB 포칼(2012~13)				

▷ 연륜과 성적이 비례하는 연구가 타입의 원조

최근 독일의 젊은 지도자들은 '노트북 감독'이라 불린다. 나겔스만 등 새로운 테크놀러지를 구사하는 신세대 중에는 선수 경험이 없는 지도자도 있다. 유프 하인케스는 1970년대 뮌헨글라트바흐의 주전 공격수로 활약했고, 독일 대표팀에서도 FIFA월드컵과 유로를 차지한 멤버였다. 유럽 빅3 컵으로 불린 유러피언컵(현 챔피언스리그), 컵위너스컵, UEFA컵(현 유로파리그)에서 모두 득점왕에 등극한 스타플레이어 출신이다. 2017년 해임된 안첼로티의 후임으로 바이에른 뮌헨 감독이 되었는데 당시 하인케스 감독의 나이가 72세, 바이에른에서만 통산 네 번째 지휘봉을 잡았다.

신세대 노트북 감독들과 대조되는 존재로 보일 수 있지만, 하인케스는 90년대 초반부터 이미 PC를 사용할 줄 아는 매우 드문 축구 감독이었다. 바이에른 3기에 하인케스의 지도를 받았던 필립 람은 "예전과 완전히 달라졌다"라고 말했다. 모든 선수를 평등하게 다루는 관리법에서 주축 선수들과 의견을 나누는 스타일로 바뀌었다고 한다. 2012~13시즌에는 UEFA챔피언스리그를 비롯해 분데스리가와 DFB 포칼까지 차지해 사상 첫 트레블을 달성했다.

단순히 풍부한 경험에만 기대는 감독이 아니다. 시대 변화에 따라 새로운 방식을 받아들이고 본인의 지도 방법도 계속 바꿔 나갔다. 70세가 넘는 고령에도 젊은 선수들을 통솔해 결과를 만들어내는 비결이다. 독일의 대표적 노장 감독이 청춘을 유지하는 것은 이런 유연성에 기인한다.

유프 하인케스의 전술 형태

발군의 균형 감각과 관리 능력

1979년 묀헨글라트바흐에서 감독으로 데뷔해서 2017년 바이에른 4기 부임까지 지도자 경력만 장장 40년에 이른다. 스페인에서 아틀레티코 빌바오, 테네리페, 레알 마드리드를 지도했고, 포르투갈 명문 벤피카를 이끌기도 했다. 레알에서는 1998년 UEFA챔피언스리그에서 우승하고도 리그 부진(4위)으로 해임되었다. 많은 팀을 거쳤고 실적도 확실하지만, 하인케스 감독에게는 고유의 색깔이 뚜렷하지 않다. 안첼로티와 비슷한 관리형 지도자였다.

신선한 전술을 구사하는 혁신가 타입이 아니다. 적재적소에서 공수 균형이 조화를 이루는 팀을 만든다. 우수한 선수가 많은 바이에른에서는 분데스리가만 세 차례 우승했다. 이겨야 할 경기를 확실히 잡는다. 트레블을 달성한 2012~13시즌 포메이션은 4-2-3-1이었지만, 2017년 시즌 도중 안첼로티의 후임으로 긴급 투입되어 4-3-3을 채용했다. 공격과 수비 어느 한쪽에 치중하지 않고 종합 점수가 높은 팀빌딩을 하는 것이 특징이라면 특징이다.

하인케스 감독의 팀은 조직력이 매우 좋고 각 요소의 강점도 확실히 살린다. 디테일까지 놓치지 않아서 완성도가 뛰어나다. 2012~13 UEFA챔피언스리그 준결승전에서 바르셀로나를 1, 2차전 합쳐 7-0으로 대파했던 퍼포먼스가 압권이었다. 패스워크의 바르셀로나를 거칠고 타이트한 수비로 봉쇄하면서 날카로운 역습, 그리고 상대 못지않은 패스 연결로 완승했다.

대표적 포메이션
바이에른 뮌헨(2012~13)

2011년부터 시작한 바이에른 3기의 집대성으로 트레블을 달성했다. 골키퍼 노이어가 월드클래스로 성장했고, 보아텡과 단테가 강력한 센터백 콤비를 이루었고, 좌우 풀백 포지션에서 람과 알라바가 맹활약했다. 미드필더 알라바를 풀백으로 전환한 선택이 적중했다. 하비 마르티네스와 슈바인슈타이거가 볼란치로 중심을 잡았고 로번과 리베리가 파괴력을 앞세워 공격했다. 만주키치와 뮐러의 득점력도 발군이었다. 구멍을 찾을 수 없는 구성이라 할 수 있다.

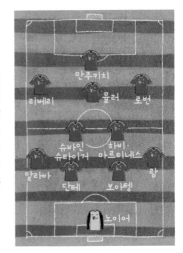

메커니즘

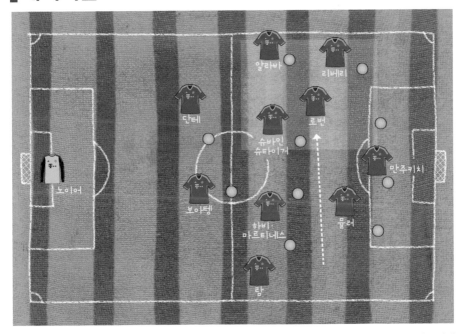

트레블을 이룬 바이에른은 문자 그대로 교과서적이었다. 각 포지션에 특별한 선수를 보유한 덕분에 공격과 수비 모두 강했다. 속공과 지공, 전방 압박과 수비 블록 모두 능했다. 모든 선수의 수준이 높지만 튀는 슈퍼스타가 없었던 점도 하인케스 감독의 팀다운 모습일지 모른다. '로베리(로번+리베리)' 콤비가 에이스였다. 좌우 측면으로 벌리는 플레이뿐 아니라 두 명이 같은 측면에서 뛰기도 했다. '반대 발' 윙어들이 이동하면서 공격함으로써 수적 우위를 살릴 수 있었다.

마르첼로 리피

내 팀은 강하지만
최강까진 아니다.
물론 어떤 상대라도
쓰러뜨릴 수는 있다.

국 적	▊▊ 이탈리아		애 칭	—	
생년월일	1948년 4월 12일				
유형	☐ 열정형 ☐ 온화형 ☑ 냉정형 ☐ 이론형				
지도 경력	1982~1985 ▊▊ 삼프도리아 유소년		1994~1999 ▊▊ 유벤투스		
	1985~1986 ▊▊ 폰테데라		1999~2000 ▊▊ 인테르나치오날레		
	1986~1987 ▊▊ 시에나		2001~2004 ▊▊ 유벤투스		
	1987~1988 ▊▊ 피스토이에세		2004~2006 ▊▊ 이탈리아 국가대표팀		
	1988~1989 ▊▊ 카라레세		2008~2010 ▊▊ 이탈리아 국가대표팀		
	1991~1992 ▊▊ 체세나		2012~2014 ▀▀ 광저우 헝다		
	1992~1993 ▊▊ 아탈란타		2016~2019 ▀▀ 중국 국가대표팀		
	1993~1994 ▊▊ 나폴리		2019~ ▀▀ 중국 국가대표팀		
주요 우승 기록	FIFA월드컵(2006), 세리에A(1994~95, 1996~97, 1997~98, 2001~02, 2002 ~03), 코파이탈리아(1994~95), UEFA챔피언스리그(1995~96), AFC챔피언스 리그(2013), 중국 슈퍼리그(2012, 2013, 2014) 등				

▷ 월드컵과 챔피언스리그를 제패한 카리스마 감독

하부 리그 감독을 거쳐 1993~94시즌 나폴리를 6위로 이끌었다. 수완을 인정받아 유벤투스 감독으로 취임했다. 첫 시즌부터 리그 우승을 차지했고 다음 시즌 연패에 성공했다. 두 차례에 걸쳐, 유벤투스 8시즌 동안 리그 우승 5회, UEFA챔피언스리그 우승 1회를 기록했다.

은빛 안경테와 중후한 은발, 댄디한 스타일을 뽐내는 리피 감독이지만, "나는 선수를 때린 적도 있다"라고 인정하거나 줄담배를 피우는 등 거친 사내의 면모도 있다. 존경하는 아리고 사키의 압박 전술을 수정해서 자기만의 타이트한 팀을 만든다. 유벤투스와 인테르에서 연이어 로베르토 바조와 불화를 겪은 탓에 판타지스타와 상성이 나쁘다는 비판을 받는다. 리피 본인은 부인하지만 피지컬이 강한 타입을 우선시하는 경향도 있다.

2004년에는 이탈리아 대표팀 감독으로 부임했다. 2006년 독일월드컵에서 24년 만에 우승했다. '카테나치오 탈피'를 내세웠지만, 본선 7경기 2실점의 견고한 수비가 결국 우승의 원동력이 되었다. 실점도 하나는 자책골, 다른 하나는 결승전에서 지단에게 내준 페널티킥뿐으로 상대에게 오픈플레이에서 허용한 실점은 없었다. 철벽 수비로 우승했다는 것은 부인할 수 없는 사실이다.

2008년 이탈리아 대표팀 감독으로 재부임했지만 우승 멤버 이후 세대교체에 실패하면서 2010년 남아공월드컵에서 조별리그 탈락의 고배를 마셨다. 2012년부터 중국 광저우 헝다를 이끌기 시작해 이듬해 AFC챔피언스리그에서 우승했고, 국내 리그 4연패를 달성했다. 2016년부터 중국 국가대표팀을 맡았고, 2019년 아시안컵 이후 사임했다가 중국 측의 요청으로 복귀했다.

마르첼로 리피의 전술 형태

견고한 수비를 바탕으로 한 다채로운 전술

2006년 월드컵을 제패한 이탈리아는 수비가 견고한 팀이었다. 그러나 맨 마킹과 리베로로 구성되는 전통적 카테나치오가 아니라 존디펜스에 의한 조직적 수비였다. 레전드 골키퍼인 부폰, 수비수로서 발롱도르를 받은 칸나바로와 키엘리니, 잠브로타, 그로소가 부동의 백4 라인을 꾸몄다. 중앙 미드필더 두 자리에는 AC 밀란의 듀오인 피를로와 가투소를 기용했다. 피를로는 뒤쪽에서 롱패스를 포워드에게 공급할 수 있는 플레이메이커로서 기능했다. 가투소는 넘치는 체력으로 피를로의 뒤를 받쳐주었다.

2선 공격형 미드필더에는 판타지스타 계열인 토티를 세웠으나 원톱 스트라이커 자리에는 장신 골잡이 루카 토니가 들어갔다. 좌우 측면은 운동량이 많은 카모라네시와 페로타가 담당했다. 대인 방어에서 지역 방어로 전환했다는 점에서 '카테나치오 탈피'라고도 할 수 있지만, '현대판 카테나치오'라는 평가가 더 어울리는 팀이다.

영광을 만끽했던 유벤투스 시절에는 비알리, 라바넬리, 델피에로를 스리톱으로 기용하기도 했던 만큼 리피를 '수비적 감독'으로 정의하기 어렵다. 로베르토 바조와 관계가 틀어졌다고 하지만, 지단을 4-4-2의 2선 공격형 미드필더로 중용했기 때문에 스타 상성이 나쁘다고만 하기도 어렵다. 어쨌든 팀의 기본은 단단한 수비였고 그 점에 관해서는 타협하지 않았다.

대표적 포메이션
유벤투스(1996~97)

UEFA챔피언스리그를 제패한 직후 시즌의 팀이다. 결승전에서 보루시아 도르트문트에 패했지만, 전력상으로는 제일 강했다는 평가다. 신입생 지단의 활용법에서 다소 불확실성도 엿보였지만, 전술적 임무를 지시하기보다 자유롭게 뛸 수 있게 해주는 편이 낫다는, 리피 감독으로서는 드문 판단을 내렸다. 단단한 수비가 기본이라는 원칙은 변함이 없었다. 국내 리그를 연패했고 인터컨티넨털컵에서도 우승했다. 타이트한 수비 조직을 갖춘 빈틈없는 강력한 팀이었다.

메커니즘

준결승전에서 당시 강호였던 아약스에 완승했다. 패장 판 할 감독은 "유벤투스에겐 방법이 없다"라며 드물게 완패를 인정했다. 유벤투스는 안쪽으로 유인해서 중앙 영역에서 볼을 빼앗는 인사이드 압박을 구사했다. 통상적으로 상대의 볼을 측면으로 몰아내는 것이 기본이지만, 아약스의 강점이 측면에 있기 때문에 중앙 지점으로 끌어왔다. 볼 탈취 지점이 중앙인 덕분에 역습 시작이 빨랐고, 지단의 개인기를 중심으로 아약스 수비진을 무너뜨릴 수 있었다.

거스 히딩크

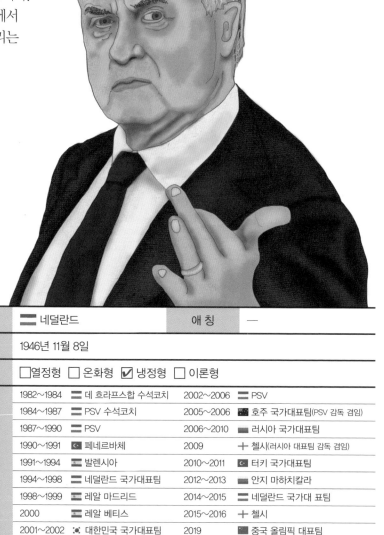

가장 어려운 것은
열등감과의 싸움이다.
축구 강대국 앞에서
주눅 들고 움츠리는
마음이 있다.
그것뿐이다.

국 적	▆ 네덜란드		애 칭	—

생년월일	1946년 11월 8일

유형	☐열정형 ☐ 온화형 ☑ 냉정형 ☐ 이론형

지도 경력	1982~1984 ▆ 데 흐라프스합 수석코치	2002~2006 ▆ PSV
	1984~1987 ▆ PSV 수석코치	2005~2006 🇦🇺 호주 국가대표팀(PSV 감독 겸임)
	1987~1990 ▆ PSV	2006~2010 ▆ 러시아 국가대표팀
	1990~1991 🇹🇷 페네르바체	2009 ✚ 첼시(러시아 대표팀 감독 겸임)
	1991~1994 ▆ 발렌시아	2010~2011 🇹🇷 터키 국가대표팀
	1994~1998 ▆ 네덜란드 국가대표팀	2012~2013 ▆ 안지 마하치칼라
	1998~1999 ▆ 레알 마드리드	2014~2015 ▆ 네덜란드 국가대 표팀
	2000 ▆ 레알 베티스	2015~2016 ✚ 첼시
	2001~2002 🇰🇷 대한민국 국가대표팀	2019 🇨🇳 중국 올림픽 대표팀

주요 우승 기록	UEFA챔피언스리그(1987~88), 에레디비지에(1986~87, 1987~88, 1988~89, 2002~03, 2004~05, 2005~06), FA컵(2015~16)

▷ 기막힌 선수 교체 타이밍으로 유명한 선수 심리 파악의 명수

아약스와 페예노르트가 빅2를 형성했던 네덜란드 리그에 PSV 에인트호번을 보태 빅3 체제로 재편한 것이 거스 히딩크 감독의 공적이다. PSV는 호마리우와 쿠만을 축으로 1987~88 UEFA챔피언스리그에서 처음 우승했다. 국내 리그에서도 3연패를 달성하는 황금시대를 열었다.

히딩크는 아약스 출신인 크루이프, 판 할 등과 출신 성분이 다르다. 그래서인지 공격적 스타일을 전통으로 삼는 네덜란드 축구계에서는 약간 예외적 타입이다. 구단에서도 국가대표팀에서도 성공을 거뒀는데 히딩크 감독의 정수는 유명한 강팀보다 중위권 이하의 팀을 지도할 때 발휘되었다. PSV를 두 번째 맡았을 때도 UEFA챔피언스리그 4강에 진출했고, 대한민국을 이끈 2002년 월드컵에서 4강에 올랐고, 32년 만에 월드컵(2006) 무대를 밟는 호주를 16강에 진출하도록 했다. 유로2008에서도 러시아를 4강으로 이끌었다.

선수들의 심리를 잘 파악하는 타입이다. 전술가라기보다 기막힌 선수 교체로 승부 본능을 발휘한다. 거친 수비도 마다하지 않아서 반칙도 전술의 일부로서 채용했다. 네덜란드 출신답게 매우 공격적 압박 스타일을 구사하는데 테크닉뿐 아니라 운동량을 중시한다. 현역 시절부터 학교의 선도위원으로 심리적 문제를 갖고 있는 학생들을 지도하는 등, 심리 관리에 매우 뛰어나다. 경기의 흐름을 읽어서 승부를 걸어야 할 타이밍에 선수의 정신력을 극대화하는 능력이야말로 히딩크 감독의 최대 장점이다.

도박에 가까운 승부사 기질

네덜란드는 양 측면에 윙어를 배치하는 공격적 4-3-3이 전통이다. 하지만 1998년 월드컵에서 4강에 올랐던 네덜란드는 4-4-2였다. 히딩크 감독은 네덜란드의 뼈대인 아약스 전술에 얽매이지 않았다. 당시 네덜란드 대표팀은 우승 전력으로 평가받으면서도 준결승전에서 브라질에 패했고, 레알 마드리드 시절에도 우승하지 못했다. 반대로 강호가 아니었던 대한민국과 호주, PSV, 러시아에서는 대단한 성과를 올렸다.

빈틈없는 포진에 의한 정공법보다는 상대의 혼란을 야기해 승부를 거머쥐는 스타일에서 수완을 발휘하는 경향을 보인다. 2006년 월드컵 첫 경기에서 일본을 상대했을 때는 경기 막판 8분 동안 3골을 몰아쳐 3-1 대역전승을 거뒀다. 케이힐, 케네디, 알로이시 등 공격 자원을 몽땅 퍼부었다. 공중전에 강한 비두카, 케네디, 케이힐을 전방에 세워 높은 크로스를 집요하게 보냈다. 일본을 수세에 빠뜨린 뒤 경기 막판에 승부를 뒤집었다. 2002년 월드컵에서도 뒤를 생각하지 않고 모든 공격수를 집어넣음으로써 선수들의 심리를 자극해 16강전에서 대한민국이 이탈리아를 꺾는 이변을 연출했다.

일본전과 이탈리아전의 도박에 가까운 선수 교체는 선수들의 자신감과 투지를 자극하는 동시에 상대를 심리적으로 불안하게 만들었다. 공수 균형을 완전히 포기하는 작전인 탓에 사실 대단히 무모한 교체술이기도 하다.

대표적 포메이션
호주 국가대표팀(2006)

히딩크의 대표적 팀은 PSV, 호주, 대한민국 국가대표팀이지만, 가장 '히딩크다운' 모습은 역시 호주 대표팀이라 해도 좋다. 리드를 허용하기 전까지 호주는 평범했다. 많이 뛰고 직선적 플레이를 기본으로 함으로써 전술 트렌드에서는 다소 구시대적이라고 해도 좋을 정도였다. 그러나 선수 교체로 득점을 노릴 때마다 박력이 넘쳤다. 원톱인 비두카의 포스트플레이 위에 신장이 우월한 케네디, 점프력이 대단했던 케이힐을 투입하면서 상대를 밀어붙였다.

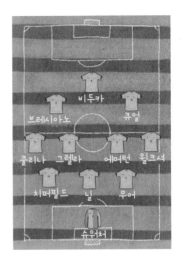

메커니즘

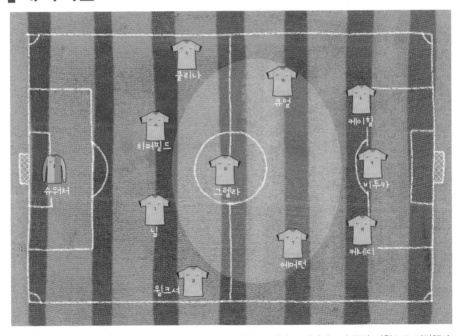

2006년 월드컵 첫 경기 일본전은 비두카의 포스트플레이, 큐얼과 브레시아노의 공격 지원으로 시작했다. 전반전을 주도하고도 0-1로 뒤지고 말았다. 브레시아노를 빼고 케이힐을 넣었다. 수비수 무어 대신에 공격수 케네디를 투입해서 스리톱으로 전환했다. 중원이 비는 위험한 선택이었다. 역습에 추가 실점을 내줄 확률도 높아졌다. 그러나 84분 롱스로에서 흐른 볼을 케이힐이 넣어 1-1 동점을 만들었다. 이후 케이힐의 추가골, 세 번째 교체 카드였던 알로이시가 쐐기골을 터뜨렸다. 8분 만에 3골을 넣어 결과는 3-1 대역전승!

루이스
아라고네스

사실 작전 같은 건 가치가 없어.
가치가 있는 건 너희들이
최고라는
사실뿐이야.

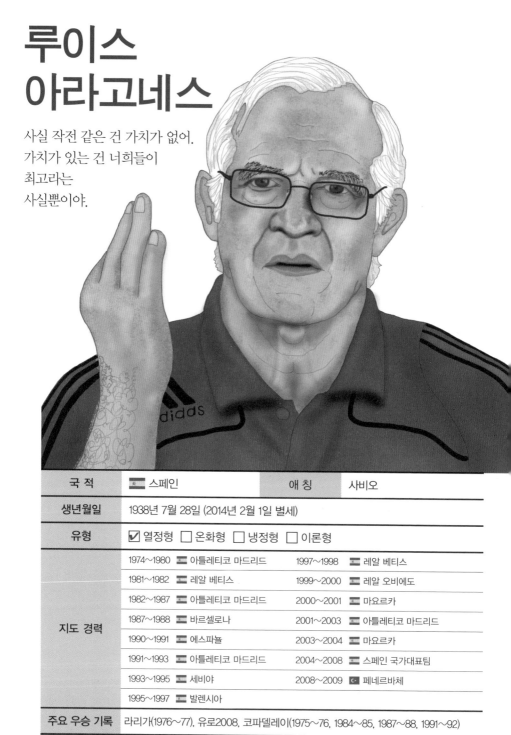

국 적	🇪🇸 스페인		애 칭	사비오
생년월일	1938년 7월 28일 (2014년 2월 1일 별세)			
유형	☑ 열정형 ☐ 온화형 ☐ 냉정형 ☐ 이론형			
지도 경력	1974~1980 🇪🇸 아틀레티코 마드리드		1997~1998 🇪🇸 레알 베티스	
	1981~1982 🇪🇸 레알 베티스		1999~2000 🇪🇸 레알 오비에도	
	1982~1987 🇪🇸 아틀레티코 마드리드		2000~2001 🇪🇸 마요르카	
	1987~1988 🇪🇸 바르셀로나		2001~2003 🇪🇸 아틀레티코 마드리드	
	1990~1991 🇪🇸 에스파뇰		2003~2004 🇪🇸 마요르카	
	1991~1993 🇪🇸 아틀레티코 마드리드		2004~2008 🇪🇸 스페인 국가대표팀	
	1993~1995 🇪🇸 세비야		2008~2009 🇹🇷 페네르바체	
	1995~1997 🇪🇸 발렌시아			
주요 우승 기록	라리가(1976~77), 유로2008, 코파델레이(1975~76, 1984~85, 1987~88, 1991~92)			

▷ 새로운 시대를 닦은 노감독

과거 방식의 감독이라는 사실은 분명하다. 1974년 현역에서 은퇴해 아틀
레티코 마드리드의 감독으로 부임했다. 70년대부터 2000년대까지 총 네 번
에 걸쳐 아틀레티코의 감독을 역임했다. 바르셀로나와 세비야, 발렌시아
등 명문 구단에서도 지휘봉을 잡았다. 35년에 달하는 지도자 경력의 하이
라이트는 2004년부터 시작한 스페인 국가대표팀 감독 시절이었다. 취임 당
시 이미 66세였다.

그는 차비 에르난데스의 얼굴을 똑바로 보면서 "지금 무슨 생각했어? 노
친네가 아무것도 못할 거라 생각했어?"라고 쏘아 붙였다고 한다. 장차 아
라고네스 팀의 중심이 될 차비가 "아뇨, 전혀요"라고 대답하자 "아니. 지금
너는 나를 헷갈리게 하고 싶어 해. 자, 뜻을 모아서 터놓고 이야기해보자
고"라며 시작한 두 사람의 대화는 몇 시간 동안 이어졌다고 한다.

당시 차비는 바르셀로나와 대표팀 모두에서 중심적 존재가 아니었다. 하
지만 아라고네스 감독은 차비를 필두로 실바, 이니에스타, 세스크, 카소를
라 등 기술이 좋은 선수들을 기용해서 '티키타카'를 시작하게 된다. 제일 구
식인 감독이 새 세상의 문을 연 것이다.

유로2008에서 우승한 덕분에 스페인은 오랫동안 찾지 못했던 자기들만
의 스타일을 얻을 수 있었다. 아라고네스 감독이 과감하게 내린 결단이 스
페인의 황금기를 만들었다 해도 과언이 아니다. 거친 입과 직설적인 말투
도 유명하다. 인종차별성 발언이 문제가 되기도 했지만, 축구 사랑이 넘쳤
던 이 할배 감독은 만인의 사랑을 받았다.

루이스
아라고네스의
전술
형

수비 블록의 경계선을 타고 흐르는 무적의 패스!

차비, 세스크, 이니에스타, 실바가 동시에 플레이메이커로 기용된 부분이 아라고네스 감독이 이룬 혁신이라 할 수 있다. 네 명 뒤에 마르코스 세나를 배치해서 수비 부담을 줄이도록 했지만, 사실 수비를 거의 염두에 두지 않는 시스템이었다. 공수 균형을 잡기보다 철저하게 볼을 점유해서 수비를 하지 않아도 되는 팀을 설계한 것이다. 이미 요한 크루이프 감독의 바르셀로나라는 선례가 있었다고 해도, 유로2008의 스페인은 전술 트렌드를 크게 바꾼 팀이었다. 당시는 지역 방어에 의한 블록 수비가 세계적으로 보급되던 단계였다. 갑자기 등장한 스페인은 블록의 경계선으로 패스를 연결해 상대 수비 블록의 크기 자체를 줄였다. 그러면 블록과 블록의 틈이 벌어져서 패스를 연결하기가 쉬워진다. 그런 플레이를 반복하다 보면, 조직적인 지역 방어 전술이 본래 목적에 충실하면 충실할수록 수비가 무너지는 결과를 낳는다.

스페인은 지역 방어를 펴는 팀의 천적이 되었고, 비슷한 수비 전술 트렌드가 막 보급되던 단계에서 무적의 팀이 될 수 있었다. 유로2008에서 우승한 스페인은 2년 뒤인 2010년 남아공월드컵에서도 사상 첫 우승을 달성했다. 델 보스케 감독이 지휘봉을 물려받았지만, 플레이스타일은 아라고네스 시대의 연장선에 있었다. 유로2012까지 우승한 스페인은 약 8년 동안 무적의 팀으로 군림했다. 영광의 출발점이 바로 아라고네스의 용단이었다.

대표적 포메이션
스페인 국가대표팀(2008)

레전드인 라울을 제외하고 차비를 중심으로 새롭게 짠 대표팀으로 유로를 제패하며 스페인 전성시대의 막을 올렸다. 최전방은 비야와 토레스의 투톱 혹은 원톱이었고, 2선에서 '콰트로 후고네스'로 불린 테크니션 4인이 동시에 뛰었다. 뒤를 책임지는 세나도 수비뿐 아니라 우수한 기술의 소유자였다. 철저하게 패스를 돌리는 스타일은 '티키타카'라 불리는 스페인 축구의 대명사가 되었다. 우여곡절이 많았던 스페인 축구가 팀컬러를 잡았다는 사실 자체만으로도 역사에 남을 만한 팀이었다.

메커니즘

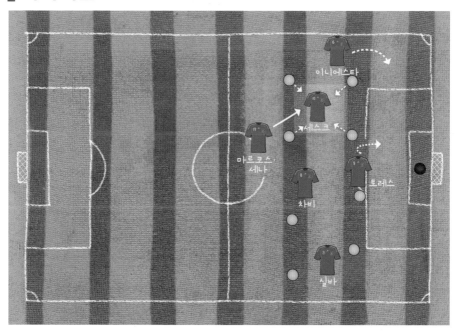

수비 4인과 미드필더 4인이 만드는 블록 전술의 약점은 블록과 블록 사이로 패스가 연결될 때 발생한다. 8인을 연결하면 사각형 블록이 3개 생긴다. 사각형 중앙에서 공격하는 선수가 볼을 받으면 블록을 형성하는 수비 4인이 볼 쪽으로 접근하기 때문에 사각형이 작아진다. 스페인 선수들은 압박에 걸리기 전에 재빨리 넓어진 공간으로 볼을 보낸다. 이런 플레이를 계속 반복하면 수비 블록이 무너지기 십상이다. 혹은 무너질 때까지 계속 패스를 돌린다. 재정비된 수비 조직이 따라가기엔 스페인의 패스 연결 속도가 너무나도 빨랐다.

에메
자케

승리는 기적이 아니라
이기기 위해 필요한 노력을
했다는 뜻이다.

국 적	▮▮ 프랑스		애 칭	—
생년월일	1941년 11월 27일			
유형	☑ 열정형 ☐ 온화형 ☐ 냉정형 ☐ 이론형			
지도 경력	1976~1980 ▮▮ 올랭피크 리옹			
	1980~1989 ▮▮ 보르도			
	1989~1990 ▮▮ 몽펠리에			
	1990~1991 ▮▮ AS 낭시			
	1992~1993 ▮▮ 프랑스 국가대표팀(수석코치)			
	1993~1998 ▮▮ 프랑스 국가대표팀			
	1998~2006 ▮▮ 프랑스 국가대표팀 기술고문			
주요 우승 기록	FIFA월드컵(1998), 리그앙(1983~84, 1984~85, 1986~87), 프랑스컵(1985~86, 1986~87)			

▷ 모두의 예상을 뒤엎은 월드컵 우승

1980~1989년 지도했던 보르도에서 명성을 쌓았다. 당대 프랑스 축구를 대표하던 스타 알랭 지레스와 장 티가나를 앞세워 리그 우승 3회, 컵 우승 2회를 기록했다. UEFA챔피언스리그에서도 준결승에 두 번 오르는 황금기를 구가했다. 1992년에 대표팀의 제라르 울리에 감독을 보좌하는 코치가 되었다. 1994년 미국월드컵 유럽 예선에서는 승점 1점만 따면 되는 상황에서 막판 2연패(이스라엘, 불가리아)로 충격적인 탈락을 당했다. 울리에가 사임하면서 자케가 프랑스 대표팀 감독으로 부임했다.

당시 칸토나를 주장으로 임명해 새로운 팀을 꾸리려고 했으나, 프리미어리그에서 팬 폭행으로 1년 출장정지 징계를 받게 되었다. 자케 감독은 젊은 지단 등을 발탁했다. 팀이 본격적으로 궤도에 오르자 칸토나, 파팽, 지놀라 등 기존 스타들이 제외되고 지단 중심으로 변모하게 된다. 유로96에서는 4강 진출에도 불구하고 수비적 전술과 로테이션 운용으로 여론의 비난을 받았다. 그러나 1998년 프랑스월드컵에서 모두의 예상을 뒤엎고, 결승전에서 브라질을 3-0으로 완파하며 우승을 차지했다. 대회 후, 자케는 감독직에서 기술 고문으로 보직을 바꿨다.

자케 감독은 다양한 상황에 대응할 줄 아는 팀빌딩을 목표로 삼았다. 주위의 이해를 얻지 못하더라도 신념을 포기하지 않고 밀어붙이는 부분이 자케 감독의 특징이다. 대표팀 감독 시절에는 "칸토나에게 선발하지 않는다고 알릴 때 죽을 만큼 무서웠다"라고 고백하는 의외의 모습도 보였다.

에메 자케의 전술 형태

상대적 강점을 추구해 월드 챔피언에 등극하다

프랑스 대표팀 감독으로서 칸토나, 파팽, 지놀라를 제외한다는 것은 엄청난 용기를 필요로 했다. 스타들 대신 조르카에프와 지단을 중심으로 새 판을 짰는데 공격보다 수비력에 초점을 맞춘 시프트였다. 칸토나를 대신해 데샹, 블랑, 드사이가 주축이 되었다. 언론은 공격력 부족과 불분명한 선발진이란 이유로 비판했지만, 자케 감독의 생각은 달랐다. 수비의 틀이 잡혔다고 판단한 유로96부터 월드컵까지, 자케 감독은 모든 경기에서 다른 멤버와 다른 포메이션을 실험했다. 연계나 공격력 모두 불확실해 보였지만 자케 감독은 자신만의 방식을 포기하지 않았다.

월드컵이 개막한 뒤에도 비판적 보도가 이어졌다. 그러나 자케 감독은 프랑스를 사상 첫 우승으로 이끌어 언론과의 전쟁에서도 승리를 거뒀다. 프랑스 대표팀의 공격력이 개선되었다고 평가하기는 어려웠다. 첫 월드컵 우승의 원동력도 철벽 수비였다. 공격력을 높이겠다는 계획이 애초에 없었던 것이다. 팀의 조직력을 키운 목적도 공격력 강화가 아니라 다양한 조합으로 다양한 카드를 구사할 능력을 갖추는 데에 있었다.

처음부터 선발진과 포메이션을 고정하지 않았고, 지단과 조르카에프를 동시에 투입하는 카드조차 자주 시도하지 않았을 정도다. 절대적 강점보다 상대적 강점을 추구했다고 할 수 있다.

대표적 포메이션
프랑스 국가대표팀(1998)

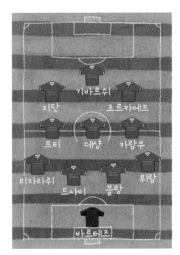

프랑스는 튀랑, 블랑, 드사이, 리자라쥐가 구성한 백4 라인으로 나선 경기에서 한 번도 패한 적이 없다. 월드컵 7경기에서 2골만 내줬다. 이런 철벽 수비를 바탕으로 공격에서는 다양한 선수와 포메이션에 대한 실험을 반복했다. 제로톱에서 4톱에 이르기까지 다양한 형태를 구사해본 결과는 4-2-3-1과 4-3-2-1(크리스마스트리)이었다. 후자 쪽은 수비 중심으로서 결승전에서 브라질을 상대했을 때 활용되었다. 카랑부를 빼고 앙리를 넣으면 4-2-3-1 카드로 전환된다. 왼쪽의 지단과 리자라쥐의 콤비 플레이가 결정적 무기였다.

메커니즘

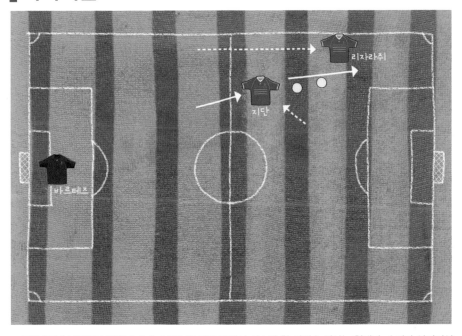

크리스마스트리라고 불린 4-3-2-1 전술은 뒤로 가면서 선수가 한 명씩 늘어나는 형태다. 수비가 안정적인 포메이션이다. 반면, 포지션을 늘리는 데에 시간이 걸리며 패스 루트도 한정적이어서 공격에는 적합하지 않다. 지단이 볼을 최대한 지키면서 뒤에 있던 동료들이 전진할 시간적 여유를 만들어준다. 지단이 없으면 선택하기 어려운 포메이션이다. 포워드 포지션은 주전이 없었다. 뒤가리, 트레제게, 기르바쉬가 로테이션 기용되었는데, 골을 양산한 스트라이커 없이 월드컵에서 우승하는 이례를 만들었다.

축구 명장 관계도

→ 사제지간 ⟷ 사이가 나쁨
---→ 영향 ══ 동지

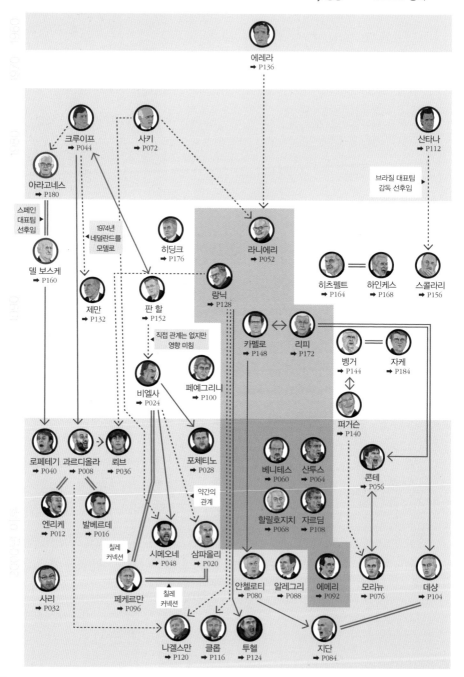

에레라
➡ P136

크루이프
➡ P044

사키
➡ P072

산타나
➡ P112

아라고네스
➡ P180

스페인
대표팀
선후임

브라질 대표팀
감독 선후임

1974년
네덜란드를
모델로

델 보스케
➡ P160

히딩크
➡ P176

라니에리
➡ P052

히츠펠트
➡ P164

하인케스
➡ P168

스콜라리
➡ P156

제만
➡ P132

판 할
➡ P152

랑닉
➡ P128

카펠로
➡ P148

리피
➡ P172

벵거
➡ P144

자케
➡ P184

직접 관계는 없지만
영향 미침

비엘사
➡ P024

페예그리니
➡ P100

퍼거슨
➡ P140

로페테기
➡ P040

과르디올라
➡ P008

뢰브
➡ P036

포체티노
➡ P028

베니테스
➡ P060

산투스
➡ P064

콘테
➡ P056

약간의
관계

엔리케
➡ P012

발베르데
➡ P016

할릴호지치
➡ P068

자르딤
➡ P108

칠레
커넥션

시메오네
➡ P048

삼파올리
➡ P020

안첼로티
➡ P080

알레그리
➡ P088

에메리
➡ P092

모리뉴
➡ P076

데샹
➡ P104

사리
➡ P032

페케르만
➡ P096

칠레
커넥션

나겔스만
➡ P120

클롭
➡ P116

투헬
➡ P124

지단
➡ P084

188

INDEX

끝마치며

먼 옛날 폭동처럼 거칠다는 이유로 축구 금지령이 내려졌던 시대를 거쳐, 런던 지역 학생들을 중심으로 규정이 제정되어 현대 축구의 토대가 완성되었다. 역사상 최초의 국가 대항전은 스코틀랜드와 잉글랜드의 경기였는데, 그때부터 플레이스타일이 둘로 나뉜 것으로 전해진다. 예전의 거친 부분이 남아 있는 잉글랜드의 롱패스 전술과 스코틀랜드의 숏패스 전술이다. 잉글랜드가 체력을 앞세운 축구였다면 스코틀랜드는 기술 축구를 구사했다고 할 수도 있다.

스코틀랜드의 전술과 철학은 유럽과 남미로 전파되었다. 1930년대 '분다팀(Wunderteam; 기적의 팀)'으로 불린 오스트리아 국가대표팀은 뛰어난 패스워크로 유명했다. 50년대 헝가리에 의해 계승된 흐름은 70년대 아약스와 네덜란드 국가대표팀의 '토탈사커'로 완성되었다. 이런 전통의 직계가 현재의 바르셀로나와 펩 과르디올라 감독이라 할 수 있다.

패스 축구의 원류라고도 할 수 있는 오스트리아에서는 '카테나치오'의 모태가 나타난다. 카테나치오는 이탈리아에서 유행하기 시작해서 60년대 인테르의 성공을 계기로 전 세계로 뻗어 나갔다. 80년대 카테나치오를 부정하며 이탈리아에서 등장했던 '압박 축구'도 세계적으로 통용되는 수비 전술의 교과서가 되었다. 밀란의 압박 전술을 추구해 현 세대로 끌어온 주인공이 독일의 랑닉 감독과 제자들이며 아틀레티코 마드리드도 동일 계파로 분류할 수 있다.

　앞으로 축구 철학의 유일한 진리가 나타날지도 모르지만, 그때까지는 아마도 다양한 방식이 등장하고 진화하기를 반복할 것이다. 수많은 축구 철학이 공존하는 가운데, 정답과 오답의 구분이 불가능하다는 점이 축구의 깊고 오묘한 재미일지도 모른다.

◇ 당신은 언제나 옳습니다 . 그대의 삶을 응원합니다 – 라의눈 출판그룹

세계 축구 명장의 전술
인생 , 철학부터 리더십과 전술 분석까지

초판 1쇄 2019년 11월 15일
3쇄 2023년 5월 25일

지은이 니시베 겐지 옮긴이 홍재민
펴낸이 설응도 편집주간 안은주
영업책임 민경업

펴낸곳 라의눈

출판등록 2014년 1 월 13 일 (제 2019-000228 호)
주소 서울시 강남구 테헤란로 78길 14-12(대치동) 동영빌딩 4층
전화 02-466-1283 팩스 02-466-1301

문의 (e-mail)
편집 editor@eyeofra.co.kr
마케팅 marketing@eyeofra.co.kr
경영지원 management@eyeofra.co.kr

ISBN : 979-11-88726-41-7 13690

SEKAI NO SOCCER MEISHO NO ILLUSTRATION SENJYUTSU GUIDE
ⓒ KENJI NISHIBE 2018
Originally published in Japan in by X-Knowledge Co., Ltd.
Korean translation rights arranged through AMO Agency SEOUL

STAFF: 일러스트 _TAIZO, 장정 디자인 _ 渡邊民 (타이프페이스), 본문디자인 _ 小林麻美 (타이프페이스)